主体的・対話的で深い学びを実現する！

100万人が受けたい
社会科アクティブ授業モデル

河原 和之 編著

明治図書

はじめに

「次の時間はうんこを持って理科室に集合だ」「気持ちを集中すれば10秒以内にうんこをできます」これは，大ヒット学習教材『うんこ漢字ドリル』（文響社）の例文で，「集」という漢字を習得するための問題である。漢字の練習は，基本的に繰り返し学習だが，集中力が徐々に下がりがちである。「そんな繰り返し学習に『うんこ』を融合させることで，子どもは笑いながら楽しく勉強することができるのです！」とまとめのサイトには書かれている。

この学習教材から，地理学習で思い浮かべたのは，『島根自虐伝』（PARCO出版）である。「クラス対抗戦とかしてみたい」「自動車教習所のほうが交通量が多い」などの"クスッ"と笑える島根県の現状を表すフレーズが紹介されている。私が注目したのは「日本一の美肌県だけどみてくれる人がいない」というフレーズである。「なぜ島根県は日本一の美肌県なのか？」水蒸気密度が全国9位，日照時間が全国11位で短いという自然条件に加え，喫煙率47位という社会的条件が加味される。しじみの消費量は1位であり，しじみに含まれる"オルニチン"に美肌効果がある。また当該県にある"玉造温泉"も美肌効果に貢献している。

「うんこ」も面白いが，例示した「美肌」など興味ある事項から，その背後にあるものを多面的・多角的に分析するのが社会科教育であろう。社会科は繰り返し覚える暗記学習の側面もあるが，基本的には「考える」教科である。

歴史的分野ではどうか？ 歴史の年号などは，「泣くよ（794年）ウグイス平安京」と暗記させる。これも『うんこ漢字ドリル』と通じるものがある。私は「泣くよ坊さん平安京」と暗記させるが，それは，ここから「なぜ，平安京遷都で坊さんが泣いたのか」と問いたいからである。平城京からの遷都理由は，東大寺，西大寺，興福寺などの大寺院があり，寺が政治に口出しするから，そして，大きい寺は，維持費が多くかかるというものである。また，

平安京は，淀川から大型船で直接入ることができ，東国へも琵琶湖の東側から出ることができたという交通事情もある。そして，天皇に忠誠を誓う役人の育成である。"わたしの土地""わたしの家族"という意識から抜け出し，国のために働いてくれる人材を育成することもそのねらいであった。「泣くよ坊さん」から「深い」学びにつなげていくことが大切である。

公民的分野はどうか？ "大航海時代から大後悔時代へ"イギリスのEU離脱を揶揄した言葉である。私としては，笑うに笑えないジョークだが，このジョークに何人がクスッとほほ笑むことができただろうか。社会科の学力とは，この"お笑いジョーク"の意味や背景を理解する力である。

授業では，「大航海時代の主役はスペインやポルトガルじゃなかったっけ？」「フランスとドイツの石炭や鉄鋼の共同利用から始まったよね」「関税のない貿易は合理的だ」「平和と繁栄をめざしたんだ！」「でも移民が増えると働く場が減少するね」「EU内の経済格差もたいへんだ」などの意見交換が行われる。このような「学び合い」を通じて，大航海時代の歴史的意味，EUの歴史・現状・課題・離脱による影響等を考え，"イギリスのEU離脱"に対する価値判断力を培うことが大切である。これが"協働の学び"であり，"社会科における主体的・対話的で深い学び，いわゆるアクティブ・ラーニング"の真骨頂である。

本書では，以下6つの視点から，具体的実践事例を通して，"社会科における主体的・対話的で深い学び＝アクティブ・ラーニングの全体像を明らかにする"ことをねらいとしている。

1 「興味・関心」と主体的・対話的で深い学び（アクティブ・ラーニング）
　～ネタ・モノ・絵図などを通して～
2 「知識・理解」と主体的・対話的で深い学び（アクティブ・ラーニング）
　～基礎知識をつける～
3 「方法論」と主体的・対話的で深い学び（アクティブ・ラーニング）
　～ジグソー，討論，ICTなど～

4 「活用力」と主体的・対話的で深い学び（アクティブ・ラーニング）
〜思考力・判断力・表現力〜

5 「ユニバーサルデザイン」と主体的・対話的で深い学び（アクティブ・ラーニング）〜学力差のない授業〜

6 「キーコンピテンシー」と主体的・対話的で深い学び（アクティブ・ラーニング）〜汎用力を培う〜

　本書の具体的実践事例から，主体的・対話的で深い学び（アクティブ・ラーニング）のねらいや授業を理解していただき，すべての生徒が主体的・能動的に学習できる一助になれば嬉しいかぎりである。

河原　和之

contents

はじめに 2

第1章 主体的・対話的で深い学び＝アクティブ・ラーニングって何？ ～エピソードと方法論から考える～ 9

1. 興味・関心，知識・理解と主体的・対話的で深い学び（アクティブ・ラーニング）～「松尾芭蕉は忍者だったか」～ 10
2. 方法論，活用力と主体的・対話的で深い学び（アクティブ・ラーニング）～ジグソー学習「アメリカの貧困と格差」～ 14

第2章 主体的・対話的で深い学びを実現する！アクティブな地理授業モデル 19

1. [キーコンピテンシー] [方法論] わたしがガイドをする町探検 20
2. [活用力] どうして水道料金は地域により異なるのか？ 24
3. [興味・関心] これからの農業～Aさん農家の可能性～ 28
4. [興味・関心] アフリカ州っていったいどんな地域…？ 32
5. [興味・関心] "Buy 1 Get 1 Free" から大量消費社会を考える 34

6 ｜方法論｜｜興味・関心｜地球に生きるわたしたち
　　　　　　　　　　　　～地球の反対側で見つけた「日本」～　36

7 ｜知識・理解｜九州を知ろう　40

8 ｜興味・関心｜祇園の佐川になぜ暖簾？　42

9 ｜ユニバーサルデザイン｜環境を守る熱い活動「石けん運動」　44

10 ｜方法論｜日本の諸地域を生徒授業で学ぶ　46

11 ｜知識・理解｜知多半島の電照菊は，どうやって栽培されているのか？　50

12 ｜ユニバーサルデザイン｜雪の下に野菜がごろごろ？　52

13 ｜知識・理解｜｜活用力｜なぜ，鳥取県はコーヒー支出量が全国１位なのか？　54

14 ｜活用力｜１でも２でも３でもない第６次産業とは，どんな産業？　56

第3章 主体的・対話的で深い学びを実現する！アクティブな歴史授業モデル　59

1 ｜知識・理解｜前方後円墳の秘密をさぐれ！　60

2 ｜活用力｜平安時代のスーパー貴族！藤原道長ってどんな人？　62

3 ｜活用力｜源氏と平氏，明暗を分けたのは？
　　　　　　～経済の視点を取り入れた歴史学習～　66

4 ｜興味・関心｜なぜ銀閣には銀箔が貼られていないのか？　70

5 ｜知識・理解｜エルサレムはなぜ聖地なのか？　72

6 ｜興味・関心｜戦乱の時代を支えた職人たち
　　　　　　　～「職人歌合絵巻」を活用して考える～　74

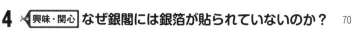

7	活用力	キリシタンの盛衰から見る織田信長の政策〜地域史〜	76
8	興味・関心	織田信長と金平糖	80
9	方法論	秀吉の朝鮮出兵では，何を土産として持ち帰ったのか？	84
10	興味・関心	「天下分け目！」の関ヶ原の名物は何？	86
11	活用力	徳川吉宗は名君か？〜経済の視点を取り入れた歴史学習〜	88
12	活用力	公事方御定書が物語る江戸幕府のねらいは？	92
13	知識・理解	これであなたも黒船博士?! ザ・ペリークイズ！	94
14	方法論	明治新国家の船出を征韓論から考える	98
15	活用力	帝国主義下での日本の行方は？	102
16	活用力	なぜ大戦は繰り返される？	104
17	ユニバーサルデザイン	大臣！我が国は○○です！〜歴史学習としての貿易ゲーム〜	108
18	方法論	満蒙は日本の生命線か？	112
19	方法論	満州事変後の日本政府と軍部の力関係は？	116
20	興味・関心	戦争と革命に翻弄されたプロ野球選手たち	118
21	興味・関心	祈りの長崎〜写真家がのこしたものとは？〜	120
22	興味・関心	チキンラーメンはなぜ大ヒットしたか？	124

第4章 主体的・対話的で深い学びを実現する！アクティブな公民授業モデル 127

| 1 | 方法論 | 追跡！お肉が私たちのもとに届くまで！ | 128 |
| 2 | 方法論 | お前が殺人犯だ！と言われたら〜えん罪と日本国憲法〜 | 132 |

3 　知識・理解　多数決って民主主義？　136

4 　方法論　　活用力　日本国憲法改正を多面的・多角的に考える　138

5 　興味・関心　世論調査は，世論操作かも?!
　　　　　　～メディアリテラシーと政治的リテラシー～　142

6 　方法論　　活用力　もしも，ブラックバイトで働いたら
　　　　　　～労働権を学ぶ～　144

7 　活用力　クーポンを使うのはケチなことなのか
　　　　　　～消費者・企業側からみよう～　148

8 　活用力　私たちはどうあるべきだろうか
　　　　　　～自立した消費者とは何だろう？～　152

9 　方法論　　活用力　君ならどうする？ライバル企業に勝つ方法を考えよう！　154

10　方法論　　活用力　消費税増税は本当に必要だったのか？　158

11　方法論　イギリスのEU離脱に賛成か，反対か？　160

おわりに　165

第 1 章

主体的・対話的で深い学び ＝アクティブ・ラーニングって何？ ～エピソードと方法論から考える～

①

興味・関心，知識・理解と主体的・対話的で深い学び（アクティブ・ラーニング）～「松尾芭蕉は忍者だったか」～

アクティブ・ラーニングとは，「学修者の能動的な学修への参加を取り入れた教授・学習法の総称」（中教審答申，平成24年8月）である。そうである限り，生徒が能動的に参加する"しかけ"が必要である。"主体的""能動的"な学習には，学習テーマに対する興味・関心が不可欠である。なぜなら，"面白い"から"一言言いたい""知りたい"と考えるからである。また，いくら興味あるテーマであっても，学んだ知識が意義あるものでなくてはならない。"意義がある"とは，もちろん受験知識であるということもあるが，考える材料になり，活用につながる知識でもある。

1 主体的・対話的で深い学び（アクティブ・ラーニング）とエピソード

　主体的・対話的で深い学びには，学習テーマに対する興味・関心が不可欠である。楽しい"エピソード"もその一つである。授業では必ずと言っていいほどエピソードが語られる。教師の日常的な他愛のない話をはじめ，「インドのハンバーガーは鶏肉を使う」「北海道のバイクの保有率は全国47位」「奈良のイトーヨーカドーには地下売り場がない」「甲子園球場で販売されるビールはアサヒが中心」など，学習に関するものである。これらのエピソードは"なぜ疑問"をもち，"一言"言ってみたくなる。エピソードは単に"面白い"だけで完結するものもあれば，他方で，議論になり発展性のあるものもある。また，エピソードに関する議論には，"すべての生徒"が参加できるテーマが多い。つまり，"エピソード"を軸にした授業は，"アクティブ・ラーニング"と"ユニバーサルデザイン"の両者を兼ね備えた，素晴ら

しい題材である。歴史エピソードを軸に具体的に考えてみよう。

2　源義経＝チンギスハン説

　源義経はモンゴル帝国をつくったチンギスハンだという説がある。兄の頼朝に殺害されたとされる義経が、モンゴル帝国をつくり、元寇で日本を攻めてくるという判官びいきが生んだエピソードがある。二人の共通点は「生きた時代が重なる」「血液型が同じ」「乗馬が得意」「源義経を音読みすると"ゲンギケイ"で少し似ている？」（笑）ことを紹介する。そこで、以下の発問。

　しかし、二人には異なる点がある。さて何か？

　「性格」「顔」「家族」「身長」「趣味」等、多くの意見が出て盛り上がる。答えは「身長」で、義経は150cm台だが、チンギスハンは190cmを超えている。生徒は「身長が伸びたのでは？」とつっこみ！

　この授業では、生徒は活発に発言する。しかし、アクティブ・ラーニングとは言えない。なぜなら、「『どのように学ぶか』という、学びの質や深まりを重視することが必要であり、課題の発見と解決に向けて主体的・協働的に学ぶ学習」（「初等中等教育における教育課程の基準等の在り方について（諮問）」平成26年11月）にはほど遠いからである。

3　松尾芭蕉は忍者か？

　松尾芭蕉が忍者であったというエピソードがある。「伊賀上野生まれであった」「旅で1日60kmもの長い距離を歩いた」というものである。しかし、この2つでは根拠としては弱いので、以下の授業を展開する。

　芭蕉が東北地方を150日間も歩いたのは、どういう目的だったのか？

　芭蕉の句を紹介し、それぞれ詠まれた場所を確認する。

① うの花を　かざしに関の　晴れ着かな　（関）
② 松島や　鶴に身をかれ　ほととぎす　（松島）
③ しずかさや　岩にしみいる　せみの声　（立石寺）
④ 五月雨を　あつめてはやし　最上川　（最上川）
⑤ 雲の峰　いくつ崩れて　月の山　（月山）

　ワイワイとグループで楽しく場所を探している。

T：「東北地方ではどんな大名が支配していたか？」
S：「伊達氏」「上杉氏」
T：「なかでも伊達政宗は，独眼竜政宗として有名だよね」
S：「外様大名が多い」
T：「伊達氏をはじめ，有力外様大名が多いということは，この大名たちの動きを監視する必要があるよね。そのための松尾芭蕉の役割は何かな」
S：「有力外様大名の動きをつかむための隠密行動をしていた」
T：「俳諧師のふりをして，伊達家の軍事要塞といわれる寺や，最大の商業港石巻の船の出入りを観察していたのではないかといわれている。ってことは，芭蕉は忍者だってことだね」
S：「……」
T：「今日はこのことを考えていきましょう！」

▶ **発問**　俳句を作るというだけで生活できるわけじゃないし，150日間も旅をするお金はどうしたのだろう？

▶ **回答例**　幕府のために隠密行動をしていたのだから，幕府からお金をもらっていたのでは？

▶ **発問**　元禄時代は，俳人としては生活できなかったのか？　生活

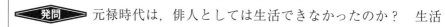

> するためには，どのような社会でなければならないか？

回答例 ・俳諧を習いたい人が多くいなければならない。
・俳句を書いた本が売れなくてはならない。
・武士をはじめ，あらゆる身分の人が俳句に興味をもっていなければならない。
・職業としての俳諧の仕事がなければならない。

> T:「点取俳諧といって，集まった人たちが句を作り，それを点者に採点してもらい，その点数の多さを競うことが流行していた。芭蕉はその点者をしていた。俳諧は，大名，武士から庶民まで広く巻き込んだ文芸であったのです。元禄時代は，このように職業としての学問が成立し得た時代だったわけで，芭蕉の『奥の細道』の旅費などは，ここから捻出されたのです。つまり，芭蕉は忍者などではなく根っからの俳人だった」

4 なぜ，元禄時代は俳句が作れるような時代だったのか？

> S:「へっ！ 江戸時代って，俳句を作れるくらい豊かだったんだ」
> 　「でも五公五民っていうくらい農民の生活は苦しかったのでは？」
> T:「重税だったのは江戸時代の最初の50年くらいだよ」
> S:「そんなに多く年貢をとって，武士が食べたの？」(笑)
> 　「お腹パンパンになるのでは？」
> T:「お金に換えて何かに使った。何？」
> S:「生活費」
> T:「もっと公的なものだよ」
> S:「城づくり」
> T:「うーん，かなりいい」
> S:「城下町の道」「城下をきれいにする」
> T:「街道だね。この頃五街道が整えられたね」

第1章　主体的・対話的で深い学び＝アクティブ・ラーニングって何？　13

S：「港」
　　T：「つまり，今でいうインフラが整えられた。ある程度，それが整備
　　　　されると減税を実施した。減税されるとどうなるの？」
　　S：「庶民のお金が増える」
　　　　「なるほど，それで豊かになったのが元禄時代なんだ」

　"松尾芭蕉＝忍者説"を検証する学習を通して，江戸時代初期の時代像を考える学習である。元禄バブルの背景を理解し，俳人という職業が成り立つ社会のしくみを学習できる。"能動的"学習を通じて，"学びの質が深まる"アクティブ・ラーニングの授業である。

❷

方法論，活用力と主体的・対話的で深い学び（アクティブ・ラーニング）〜ジグソー学習「アメリカの貧困と格差」〜

　中教審答申では，アクティブ・ラーニングの具体的な学習活動として「発見学習，問題解決学習，体験学習，調査学習等」や，「教室内でのグループ・ディスカッション，ディベート，グループ・ワーク等」と例示されている。具体例として，公民的分野のジグソー学習「アメリカの貧困と格差」についての実践を紹介する。

1 アメリカの貧困

　アメリカでは貧困層が増えている。人口の１％を占めるお金持ちの収入は，ここ30年間で４倍以上増えた。なぜ，こうなったのか？　現代社会の変化から，その要因をジグソー学習で考える。

　Q クイズ　観光地では，観光客に物乞いをするホームレスの人たちが土

産店やレストランの前に座りこんでいる。大半の都市には，貧民街も何か所かある。ゴミが散らばり，落書きだらけで，雰囲気はすさんでいる。この国はどこか？

S：「アフリカの国」「ブラジル」「インド」「シリア」
　　「タイ」「中国」「北朝鮮」
T：「答えはアメリカです」（うそっ！の声）

Q クイズ アメリカでは，4人家族の場合，年間所得が約2万2314ドル（約172万円）以下の世帯を貧困層と言う。人口3億1000万人のアメリカで，何万人が貧困層なのか？（2012年度時点）

　　　　　約3600万人　　　約4600万人　　　約5600万人

T：「答えは約4600万人で，**貧困率は約15%**です。しかし，1億円以上のお金を持つ人は1100万人いる。人口の1％にあたるお金持ちの収入は，この30年間で4倍以上増え，格差が広がっている」

第1章　主体的・対話的で深い学び＝アクティブ・ラーニングって何？

2 〈ジグソー学習1〉なぜ貧困層が増えたのか？

① 4人グループを9～10組つくる。
② 「グローバル化」「少子高齢化」「IT化（ロボット化）」「小さな政府」の意味を簡単に説明する。
③ 上記4つの担当を分担する。
④ テーマ別学習会をする（約10分）。

> ★考えよう　アメリカで貧困層が増えたのは，現代社会の特色である3つの要因と「小さな政府」であるといわれている。「貧困」とどのような関係にあるか考えよう。

グローバル化グループ
・低賃金の外国人労働者が多くなり，全般的に低賃金になる
・海外へ企業が移転するので，働くところが少なくなる
・英語教育が推進され，できる人とできない人の格差が出てくる

少子高齢化グループ
・ITなどを使えない高齢者に，会社は高い給料を払わない
・少子化により働く人が減ってきた
・少子化によって，家族が高齢者への援助ができなくなった
・労働力不足だが，企業は利潤を増やすために賃金が減る，すると消費が停滞し，景気が悪くなる
・高齢者が増えると医療費や年金が増え，生活保護が不十分になる

IT化（ロボット化）グループ
・ロボットが仕事をするので，働く場所がなくなる
・単純な仕事を機械やロボットがするようになる
・十分な教育を受けていないとIT化に対応できない
・高齢者や貧困層は科学技術を学ぶ機会がない
・機械化すると人件費が低くなる

小さな政府グループ
・医療，教育，生活保護を含め十分な補償がないので，社会的弱者が困る
・生活が苦しくなっても，自己責任で対処しなければならない
・競争社会なので，教育格差があり，それがずっと続く
・高所得者に有利な税システムになっている

3 〈ジグソー学習2〉なぜ貧困層が増えたのか？

> **グループ 討議** テーマ別学習会で学んだ内容を報告し，アメリカで貧困と格差が広がる理由をまとめよう。

〈あるグループの話し合い〉

S：「高齢化は，お年寄りなど収入が少ない人が増えたから」
　「アメリカって，何でも自分で責任をとらなくてはいけないからね」
　「IT化は，高齢者がパソコンやスマホが使えないから失業した」
　「若者は働くところもあり，豊かなのかな？」
　「少子高齢化で，お年寄りの面倒を見ないといけない」
　「日本のように国などが面倒見てくれないから，仕事をやめて，お年寄りの介護が必要なんだ」
　「人を雇うよりロボットのほうが能率的に仕事をしてくれる」
　「グローバル化は，安い品物が外国から入ってきてアメリカの工業が衰退した」

4 グループ発表

〈発表例1〉

　少子高齢化により労働人口が減り，海外からの低賃金労働者が多くなり，アメリカ人の働く場所がなくなる。また，ロボット化により雇用が減る。高齢者をはじめとする低所得者は，小さな政府のため生活保護が十分でなく，高額医療費などでお金がかかる。

〈発表例２〉

　貧困層や高齢者は教育も十分でないのでIT化に対応できない。また，グローバル化は，海外からの安い労働力でアメリカの雇用を減らすだけでなく，賃金を低下させる。小さい政府なので，医療費を支払えない高齢者が困窮する。この４つは，悪循環を繰り返しますます貧困と格差を生む。
※グローバル化によっても，途上国には移せない建設現場の作業やビルの清掃，介護などの仕事は残るが，低賃金である。その結果，企画や開発を考えるため高度な知識や判断をする仕事との格差が生まれることにも触れておく。

　ここでは，ジグソー学習を通じて，学んだ"知識"を"活用"し，現代の様々な現実を分析する実践事例を紹介した。具体的には，既習事項の「グローバル化」「少子高齢化」「IT化（ロボット化）」「小さな政府」の知識を活用し，「アメリカの貧困と格差」を分析する学習である。
　他にも，「爆買がなぜ2015年から始まったのか」というテーマを分析する授業も可能である。本テーマは，その要因をアトランダムに思いつくまま書かせた後，ダイヤモンドランキングの方法で議論する。「日本におけるデフレ」「免税」「中国富裕層の増加」「領土問題の鎮静化」「海外渡航の緩和」「円安」などの意見が出される。これらの要因を〈最も重要な要因〉〈重要な要因〉〈まあまあ重要な要因〉〈あまり重要でない要因〉にグループでランキングする。学んだ知識を活用し価値判断力を育成するアクティブ・ラーニングである。
　「『どのように学ぶか』という，学びの質や深まりを重視することが必要であり，課題の発見と解決に向けて主体的・協働的に学ぶ学習」が"アクティブ・ラーニング"であろう。

（河原　和之）

第2章

主体的・対話的で深い学びを実現する！アクティブな地理授業モデル

キーコンピテンシー 方法論

わたしがガイドをする町探検

子ども主体の多様な町探検から，地図活用の能力と地域を見る目を育てる。

 学びの過程：授業展開プラン

（1） 教えて，あなたのおうち

発問 もうすぐ家庭訪問ですね。学校から家までの道を先生に教えてください。

３年生にとっては，初めて学ぶ社会科の授業開き。

白い紙を１枚配り，自分の家までの地図を自由に書かせた。書いた地図を使って，ペアで家までの道を紹介する。しかし，なかなか伝わらない。「どんな地図だったら伝わるのか」という課題が生まれた。

（2） 地図の条件とは？

 地図に書かなくてはならないものは何だろう？

地図には，誰もが知っている目印が必要であることに気づく。そこで，校区で目印になるものを書き出してみた。コンビニ，スーパーマーケット，ケーキ屋，駅，高速道路，歩道橋，公園など，子どもたちの生活圏の中から様々な町の建物が浮かび上がった。しかし，「あっちのコンビニ」や「向こうの公園」と，目印だけでは伝わらないことにも気がついた。そこで，東西

南北の方位があること、地図は北が上であること、地図記号など統一したきまりがあることを教えた。

そして、地図は、鳥の視点になって町を上から見たものであることにも気づかせて、屋上に上がった。方位磁針を持って、校区の東西南北に何があるかを観察した。また、「近くまで見に行きたい」という言葉を受けて、探検に出かけることにした。教師が先頭を歩く町探検ではなく、子どもが案内をする町探検の始まりである。

（3）ご近所自慢

　グループ活動　近所の自慢したいことをクイズにしよう。

　教師が案内役をするのではなく、子どもたちが案内する町探検にするため、クラスで7つのグループをつくった。1つのグループは3～5人で、登校班をもとに近所に住む子どもたちが同じグループになるようにした。

　最初に、自分の家の周りにある「ステキ」をノートに書き出した。近所にある珍しい建物、面白いものや人に着目したり、家の人に聞き取りをしたりした。それを持ち寄り、1グループで2問～5問のクイズを作らせた。実際にその場所に行ったときに答えがわかる問題が条件で、さらに友だちが「へぇ～」と思うような問題になるように、とアドバイスした。

　問題を作るには、その町のよさを知

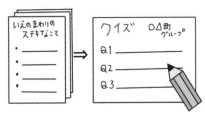

らなければならない。結果的に何度も下見に出かけ，取材をする子も出てきた。自分の家の近所だからこそできることでもあり，苦労しながらもユニークな問題を作ることができた。

（4） 町探検に出発。私たちについてきて！

> 📐 フィールドワーク　クイズを解きながら，町探検をしよう。

各グループの問題を2つにしぼり，問題と回答欄，順路をのせた略地図を作った。数回に分けて町探検をおこなったが，自分の出題場所までは，担当した班が先頭を歩く方法をとった。クイズを出すところにきたら，出題者が問題を読み上げ，他の子は周りの様子をヒントに回答し，その場で答え合わせもした。実際の問題は，「スーパー銭湯が休みの日はいつか？　①月曜日，②金曜日，③なし」と商業に関わる問題，「この工場は何を作っているのか？」と工業に関わる問題，「老人ホームの入り口の工夫は何か？」と公共施設に関わる問題，「お地蔵様は何人いるか？」と文化財に関わる問題と，様々な視点から町を見られるように意図的に問題を選んだ。クイズを紹介し合う中で，校区の中には保育所や老人ホームなどの福祉施設，風船やねじを作る工場があることを知ったり，お地蔵様の近くにはポンプや石畳の道が残っていることに驚いたりと，いつも見ている風景の中に新しい町のよさを発見することができた。

クイズの答えを見つけながら，「コンビニ弁当工場の中で，なぜトラックが渋滞しているのか？」「スーパー銭湯の駐車場が広いのはなぜ？」「ポンプはまだ使えるの？」など，新たな課題ももつこ

とができた。

（5） 町の特徴は？

> ★考えよう　この町ってどんな町？

白地図に発見したことをまとめていくと，最初に自分が書いた地図とは全く違うものになった。また，まとめていくと校区の特徴が見えてくる。「北には高速道路や大きい道路があり，飲食店が多い」「南には石碑や井戸など昔のものが残っている」「あちこちに小さな工場がある」と町探検を振り返りながら，校区の特徴をとらえることができた。

最後は，校区のよさを紹介する新聞を書き，着任したばかりの校長先生に伝えることにした。

2　使える知識としての内面化：課題づくりのヒント

〈ヒント1〉教材は身近な所にある！

町探検で見つかった新たな課題が次の単元の課題へとつながる。コンビニのお弁当工場から販売や生産，お地蔵さんから年中行事や昔のくらしと，3年生で学ぶ単元の教材が地域にあることが1年間の学習を支えていた。

〈ヒント2〉まとめも楽しく！

授業のまとめに，もう一度家までの地図を書いてみる，校区を短いキャッチコピーにしてみるなどの活動も可能である。

（草場和歌子）

活用力

どうして水道料金は地域により異なるのか？

どうして水道料金は，地方公共団体，地域により異なるのか？　このことを考えることから，地域の現状を経済地理的観点から考える。

1　学びの過程：授業展開プラン

(1) 大阪府の水道料金

それぞれの家庭の水道料金を調べてくる。数名を指名し料金を聞く。

> **Q クイズ**　日本の月平均料金はどれくらいか？
> 　　約1500円　　約2000円　　約3000円

意見は3つに分かれる。

A 答え　3195円（20㎥）で，約3000円である。

> **Q クイズ**　大阪府の水道料金，最も高い市と安い市はどこか？　地図帳を見て考えよう（20㎥使用で2632円の東大阪市は，33市中16位である）。
> 大阪市　　高槻市　　堺市　　吹田市　　和泉市　　松原市

> S：「淀川に近い市は安いのでは？」「高槻市？」「吹田市も近い」
> 　　「高いのは淀川から遠い和泉市」「堺市には大和川がある」
> T：「水源はダムが一番多く，47％です。次いで河川からで27％，そして井戸水からも20％取水しています」

A 答え　1位　吹田市（2010円）　　2位　大阪市（2016円）
　　　　　6位　高槻市（2310円）　　19位　和泉市（2698円）
　　　　　25位　堺市（2782円）　　33位　松原市（3102円）

淀川沿いと，北摂地域が比較的安いことがわかる。

＊東大阪市の水道（東大阪市水道局への取材から）
　生駒山から流れる水を使用しているが，不足しているので，井戸水と大阪市からの供給水も使用している。

（2）　近畿地方の水道料金

グループ　討議　近畿地方の県庁所在地の水道料金で最も安いのは1774円，高いのは3349円である。最も高い市と安い市はどこか？

S：「滋賀県の大津市が安い」「琵琶湖があるからね」「2位は大阪市では」「琵琶湖からの水を利用している」「京都市も琵琶湖に近い」「最も高いのは和歌山市かな」「和歌山市には紀ノ川がある」「山がちだし，水がありそう」「奈良市は？」「山がいっぱいあるよ」「でも奈良市までは遠い」「高いのは奈良市で，安いのは大津市にしよう」

A　答え　大津市（1774円），大阪市（2016円），神戸市（2446円），京都市（2614円），和歌山市（2730円），奈良市（3349円）

T：「大津市には琵琶湖があるので安いです。京都市は滋賀県に近いですが，琵琶湖疎水の設備費用がかかります。奈良市の水源は吉野川で，ダムから遠くの市街地まで送られるので高くなります。和歌山市は河川も多く水源に恵まれていますが，人口が少なく，1軒当たりのコストが高くなります。大津市と奈良市で月に約1500円の差があり，年間約18000円の差になります」

（3）　全国の水道料金

考えよう　全国の水道料金を示した表を見て，次のことを考えよう。
①　北海道の事業体が高い理由について考えよう。
②　富士河口湖町や静岡県の事業体が安い理由について考えよう。

◆水道料金の高い事業体
　1　夕張市（北海道）6841円
　2　深浦町（青森県）6588円
　3　羅臼町（北海道）6360円
　4　江差町（北海道）6264円
　5　上天草市（熊本県）6264円

◆水道料金の安い事業体
　1　富士河口湖町（山梨県）835円
　2　赤穂市（兵庫県）853円
　3　長泉町（静岡県）1120円
　4　小山町（静岡県）1130円
　5　白浜市（和歌山県）1155円

S：「北海道は広く人口密度が少ないから高くなる」「寒いから」
T：「寒いとどうして高くなるのかな」
S：「水道管が破裂する」「凍るからたいへん」
T：「つまり，寒さに対する設備がいるってことだね」
S：「青森県の深浦町は？」
T：「インターネットで調べたら，十数か所に水道施設が点在し，維持管理費が高くつく。地形の起伏が激しく，ポンプで水を送るため，電気料金もかかる。老朽部分の修理や人口減少も影響している」
S：「富士山周辺地域は，山の水や富士五湖の水がある」
　「水がきれいだから浄水がやりやすい」
T：「正解だね。十和田湖や富士五湖など，湖の近くの水道料金は安い」
S：「だから静岡県は安いんだ」
T：「赤穂市が安いっていうのはなかなか難しいね。水源である千種川の水量が豊富で水質がよく，薬剤もいらず，機械のメンテナンスも低価格ですむだけでなく，川が町の中心を流れているので，市街地までの水道管も短くてすむ」

（4）こんなところの水道料金は？

Q グループクイズ　① 沖縄県には一級河川はなく，水量は少ない。沖縄県の事業体の水道料金は，全国と比較して高いか安いか？
② 広島県大竹市と因島市，どちらが高いか？
③ 東京都の23区と，神津島村のどちらが高いか？

回答例　① 水が貴重だから高くなる　② 島である因島市が高い
③ 同様に，神津島村が高い

A 答え　① 沖縄県は，川が二級河川のみで高いと予想される。伊江島などの島は高いが，基地がある事業体は，補助金が使用されているのか比較的安い（例：大宜味村）。
② 因島市は広島県で最も高い。大竹市は，弥栄ダムが近くにあり安い。
③ 神津島村は，離島振興法により安くなっている。

＊日本水道協会HPでは，水道料金の要因として「水源の種類や場所」「水道施設の建設時期」「事業規模」「人件費」「施設の維持管理」を例示。

2　使える知識としての内面化：課題づくりのヒント

〈ヒント1〉"公正"と"効率"の観点から考える

　滋賀県でも，大津市，高島市などは安いが，近江八幡市は両市と比較し約1.5倍の水道料金である。近江八幡市には，全国でも唯一の淡水湖沖島（人口約300人）があり，浄水場の維持等に費用がかかるのだろうか。このことを"公正"と"効率"の観点から考えてもいい。

〈ヒント2〉態度形成の観点から"水使用の節約"を考える

　トイレを1回（13.5ℓ）使用すると，水道料金は約4円である。風呂（200ℓ）使用の水道料金は約60円である。使用料から"節約"という態度形成について考えさせることもできる。

（河原　和之）

CHAPTER 3

興味・関心

これからの農業
～Aさん農家の可能性～

　いかに効率よく栽培をするかをテーマとして，これからの農家は集団化・集約化されるべきだと考え，集落営農を進めるBさんの農業。無農薬栽培にこだわった野菜を作りたいと思い，付加価値をつけブランド化された野菜栽培を進めるAさんの農業。2つの農業経営を多面的に比較し，今後農業が衰退していくといわれる中で，これからの日本の農業はどのような動きになっていくのかを考える。

　2つの異なる経営方法を比較し，それぞれの考え方の違いを読み取る中で，これからの多様な農業のあり方について迫る。どちらがよいなどということを問うのではなく，農家の人の考えを聞きながら，自分の考えをもつ。

1 学びの過程：授業展開プラン

（1） スーパーとJAの見学・調査

見学・調査1 校区内にあるスーパーを見学し，生鮮食品がどこから運ばれてきているのかを調べ，白地図におとす。

見学・調査2 校区内にあるJA（全国農業協同組合）の店舗を見学し，スーパーとの比較をしたり，野菜の食べ比べをしたりしながら地産地消を大切にする生産者の方に目を向けていく（スーパーであればBさん，JAであればAさんの品物と通ずるものがある）。

フォトランゲージ JAの出荷農家さんの写真などから，今の日本の農業の実態を読み取り，課題を考えよう。

（2） Bさんの農業

> **聞き取り** Bさんの畑の様子を写真（略）で見ながら，Bさんのお話を聞く。

[S：「生産者は野菜の値段を決めることができないんだったら，ブロッコリー1つ35円でやっていけるのかな？（収入面での不安）」
「地域でまとまって農業をしていたよ。1人ですべて負担しなくても利益が生まれるんだね」
「農家同士のコミュニケーションがこれからは必要なんだ」]

　ここから，農家は集団化・集約化されるべきだと考え，集落営農を進めることの大切さを確認する。

（3） Aさんの農業

　（2）でのBさんの経営とは全く異なるAさんの農家。ここまでの学習から，「専業農家ではこの地域において一人で農家としてやっていくのは難しいのではないか」という疑問が浮かぶ。しかし，Aさんのお話を聞く中で，「こんなにも熱心に取り組んでいるAさんの野菜なら食べたくなる」と，Aさんの思いに寄り添うようになる。

（4） Aさんの農業を探ろう

> **実感する**　Aさんの畑の広さなどを実感するため，運動場に畑と同じ面積をとり，計算をもとにしながら考えていく。

　（3）で浮かんだ疑問について，感情論ではなく，Aさんの今の畑の状態や生産状況，収穫量を考え分析していく。専業農家の人たちの抱える問題（高齢化，跡継ぎ不足，利益の低さ，収入の不安定さ）について学んだ子どもたちは，このままでは農業をする人はどんどん減っていき，日本の農業は壊滅してしまうのではないかと思うようになった。一方で，熱心なAさんに農家として成功してほしいと強く思うようにもなった。ところが，耕作面積，生産量，価格，出荷先などを調べ分析していくうちに，「専業農家だけでやっていけるのか？」という問題が浮かんだ。

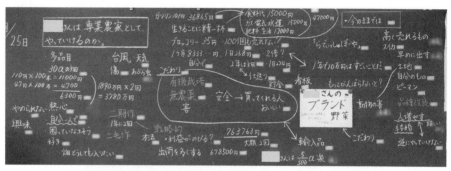

> **発問**　Aさんは専業農家としてやっていけるのか？

　また，ここでの子どもたちの「やっていけるのか」という言葉の意味は，"利益を得ることができるのか？　生活していけるのか？"ということである。がんばっているからというAさんへの思いももちろん大切ではあるが，"がんばっている"からやっていけるという感情的な理解では不十分である。
　また，Aさんの現状を考えるうえで，その対照としてBさん農家を取り上げる。しかし，AさんとBさんのどちらの農家がいいかではなく，農家が抱

えている問題を，Aさんを通して考えていく。

 Aさんはどのようにすればやっていけるのだろうか？

　Aさん農家のこれからの可能性を探っていく。農家の人の思いを大切にしながら，農家という職業の魅力だけでなく，それに従事する人たちの労働の大変さ，農業経営の広がりというように，農業を多面的に見ることができるようにしていく。

2 使える知識としての内面化：課題づくりのヒント

〈ヒント１〉農家の多様な取り組み

　Bさんを通じて，「地方消滅」を防ごうとする集落営農について学ぶ。団体で協力することで，国からの援助も受けることができ，地方農業の再生にもつながっていく。Aさんを通じて，多くの外国産が輸入されている時代にあって，安さに目がいき，本来の味覚を忘れてしまう危惧に対して，無農薬栽培というこだわりの野菜をつくり，ブランド化を試みる営農方法もあることを学ぶ。また，移住してきた若者が高齢者の農作物栽培の指導を受け，農家を改造してレストランを経営し，地域再生をしている地域もある。以上のような「地域再生」の取り組みを知り，未来志向型の授業づくりをすることが可能である。

〈ヒント２〉これからの農業のあり方

　TPPが合意されると，単価を下げるべきか付加価値をつけるべきかという，将来の農業路線が問われてくる。子どもたちは，付加価値をつけたとしても経営をしていくには難しい状況であるAさん農家を目の当たりにして，農家が生き残るすべについて考える。また，最終的には，どちらの農家も集落営農を行っていきたいという考えをもっていることも知り，今後の日本の農業のあり方を考えるきっかけにつなげる。

(柳谷ひとみ)

興味・関心

アフリカ州っていったい どんな地域…？

アフリカ州に対しては，生徒たちは，「貧困」「飢餓」などの負のイメージしかもち合わせていないことが多い。そのため，アフリカ州の経済発展の著しい豊かな側面と貧困状態がある側面に気づかせれば，イメージを覆して意外性を感じさせ，生徒を主体的な学習に向かわせるきっかけとなる。

1 学びの過程：授業展開プラン

◆アフリカ州って不思議な州

子どもたちに，「えっ，なんで？」と思わせるには，子どもたちがもっている既有の知識をひっくり返すような事実を提示することが重要である。

> 発問　日本では，1人当たりの収入と平均寿命にはどのような関係があるか？　また，シエラレオネでは，どのような関係があるか？

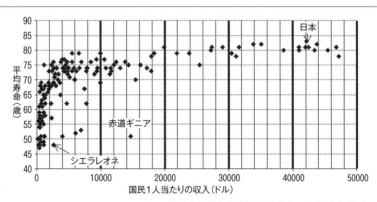

ユニセフ「基本統計」『世界子供白書2012』より作成

図　国民1人当たりの収入と平均寿命の関係

ここでは,「収入が多いと平均寿命は長い」「収入が少ないと平均寿命は短い」という傾向性を,グラフの読み取りを通してつかませる。

> ★**考えよう**　なぜ,収入が多いと平均寿命が長くなり,収入が少ないと平均寿命が短いのか？

> S:「お金があると病院にも行けるので,寿命が長くなる」
> 　「お金がないと食べ物にも困るので,寿命が短くなる」

　子どもたちは,生活経験から,お金があると豊かな生活が送られることはわかるので,それが寿命に関係していることはつかむことができる。

> **発問**　赤道ギニアでは,1人当たりの収入と平均寿命にはどのような関係があるか？

> S:「なんか,グラフから外れているぞ」
> 　「収入は多い,そして寿命は短い」
> T:「日本の場合は,"収入が多いので,平均寿命が長い"と2つの関係をつなげたけど,この2つは,どうつないだらいい？」
> S:「"収入が多いので,平均寿命が短い"はおかしいな」
> 　「"収入が多いのに,平均寿命が長い"がいいんじゃない？」

　赤道ギニアは,1992年に原油が生産されてから,主産業が農林水産業から鉱工業生産に依存するようになった。そのため経済成長が著しく,2013年の1人当たりGDPが推計14320USドルに達し,ブラジルやロシアよりも多い。

2　使える知識としての内面化：課題づくりのヒント

　子どもたちの経験値でも考えられる社会事象間の関係性を「Aだから,Bである」という因果関係で全体共有する。そのうえで,「Aなのに,Cである」という,先述の関係性を覆す社会事象間の関係性を事実として提示することで,子どもたちの学習に対する主体性を引き出せる。

（大津　圭介）

CHAPTER 5

興味・関心

"Buy 1 Get 1 Free" から大量消費社会を考える

　近年，宅配ピザ屋の広告で"Buy 1 Get 1 Free"という広告を見かける。たいへんお得で，利用した人も多いのではないだろうか。消費者にとってお得なこの販売方法をネタに，生徒の思考をアクティブにしながら，アメリカ合衆国の大量消費社会が与える影響を理解させる。

1　学びの過程：授業展開プラン

(1)　"Buy 1 Get 1 Free"とは？

　中学校に入って英語が本格化し，四苦八苦している生徒も多い。しかし，英文ではなく，単語の並びから日本語訳をクイズ的に考えることには，関心をもつ。まずは，"Buy 1 Get 1 Free"と板書する。

▶発問　"Buy 1 Get 1 Free"とは，どんな意味だろうか？

S：「1個買うともう1個は，自由？」「1個買ったら，もう1個はタダ？」
T：「1個買うと，もう1個はおまけとしてついてくるということです」

　アメリカでは，クリスマスなどセール期間中に"Buy 1 Get 1 Free"と

いう販売方法がおこなわれることが多い。日本でも近年，広告で見かけるものの，馴染みは薄い。宅配ピザの広告を教室に持ち込んで提示することで，自ずと生徒たちから答えを引き出すことができる。

（2） 販売方法の裏側

 なぜ，企業はこのような販売方法をとるのだろうか？

S：「お客を呼び込むため」「他のお店よりもお得感を出すため」
　　「珍しい売り方なので，お客が惹きつけられるから」

　販売価格を下げずに，大量消費に結びつけていることに気づかせるためには，「半額に割引して売らずに，1個おまけするのはなぜかな？」という発問が欠かせない。そうすることにより，商品の価格を半額に割引しても1個しか売れない商品が，この販売方法だと必ず2個は売れることから，大量消費されることに気づかせることができる。

　🗨️グループ 討議　この販売方法のメリット・デメリットはどんなことか？

　大量販売が大量生産に結びつき，大量生産できることで生産コストを下げ，低価格の商品が提供できることに気づかせる。また，大量消費社会ではゴミの増加の問題があることに気づかせる。ここでは，大量生産することで生産コストを抑えることを理解させる。

２　使える知識としての内面化：課題づくりのヒント

　ここで習得した知識は，効率的な農業生産により，価格を抑えることで大量の農作物を輸出できるという，アメリカ合衆国の農業の特色を理解するときに活用できる知識となる。
　大量生産・大量消費は，アメリカ合衆国の地域的特色を理解する鍵となる。

（大津　圭介）

CHAPTER 6 　方法論／興味・関心

地球に生きるわたしたち
～地球の反対側で見つけた「日本」～

　日本から距離は遠い国だが，心理的な距離は実は近いブラジル。ブラジルを，本物に触れながら日系人の人生を中心に体感し，国籍を超えて地球市民として生きる意識を育てる。

1 学びの過程：授業展開プラン

（1）ブラジルってどんな国？

① ブラジルの基本的事項を調べさせる（位置・人種・言語・気候・国旗など）。
② 授業者が教師海外研修で訪れたルートを，写真を使って辿る。
③ 生徒が抱くブラジルのイメージとして多く挙がった，サッカー・コーヒー・サンバの文化的背景を説明する。

＊ブラジルの子どもたちはサンバを踊れる子が少ないことや，サンバは最初禁止されていたことなど，ブラジルのイメージと実際の違いに驚いていた。

（2）人種のシチュー～日本とブラジルのつながり～

① グループに1セット，様々なモノや風景の写真のカードを配付する。

 グループ活動　フォトランゲージ

封筒の中身は，写真カードです。ブラジルで撮影されたものと日本で撮影されたものに分類してみよう。

カードの一例

＊このとき，写真をよく観察すると，ヒントが隠されていることもアドバイ

スする。なお，ブラジルで撮影した写真の中に，群馬県大泉町や愛知県豊田市など，ブラジル人が多く住む町の写真も混ぜてある。

> S:「鳥居だけど，車のナンバープレートが日本と違うからブラジル？」
> 「ポルトガル語が書いてあるから絶対にブラジルの写真だ！……えっ，日本なの!?」

☆ブラジルの中にたくさんの日本らしさがあることとともに，日本の中にもブラジルがあることを提示することで，後の移民，そして「デカセギ」の学習につなげる契機とする。

② 日本とのつながりのあるブラジルの課題を解決するために，JICAがおこなっている国際協力について，写真とエピソードで紹介する。

(3) この実何の実？気になる実〜ブラジルの農業〜
① グループに1セット，封筒を配付する（コショウ・アサイー・カカオ）。

グループ活動 **モノ&フォトランゲージ**

封筒の中には，①先生がブラジルで手に入れた実と，それに関する②説明カード，③写真カードが入っています。これらを正しく組み合わせよう。

> S:「コショウのことは，歴史の授業で習ったね」
> 「カカオの中身が白いなんて知らなかった！」
> 「カカオの実は酸っぱいにおいがする！でも温めたらチョコレートのにおいがしたからびっくり」

> わたしは，ブラジルではピメンタと呼ばれています。古代からインド地方の主要な輸出品で，大航海時代には，食料を長期保存するためのものとして極めて重宝されました。金とわたしが同重量で交換されたともいわれ，中世ヨーロッパでは，香辛料の中で最も高価でした。

② アグロフォレストリーとブラジルの農業を支える日系人の活躍について，写真やDVDを用いて説明する。

＊アグロフォレストリー……いろいろな種類の作物を同じ畑に同時に植える農法。この農法により，ブラジルは疫病による全滅を回避するとともに，荒れていたアマゾンの森が再生し，現地の人に安定した現金収入が生まれた。

> わたしは，赤道の南北緯度20度以内，年間平均気温27℃以上の，しかも年間を通じて高温多湿な地方で栽培される熱帯植物です。果肉はほとんどが種の発酵用に用いられるため，ジュース用として採取されることがめずらしく，ブラジル国内でも貴重です。わたしがなる木は，半日陰を好み，直射日光にさらされて，蒸発が強くならないようにする必要があります。わたしが加工されたものは，あなたもきっと一度は口にしたことがあるでしょう！

Ⓑ

（4） 2つの故郷の間で～ブラジルに渡った日本人～

① 日本人がブラジルに移民した歴史的背景とブラジルでの暮らしについて，写真や年表を用いて説明する。

② グループに1枚，人物カードを配付する。

> 🖐グループ活動　これは，先生がブラジルで出会った日系人の写真とその人物の説明カードです。グループでカードを読んで，その人がどんな人物なのか，ワークシートにまとめよう。ちなみに，グループごとにカードの中身は異なります。後で発表し合います。

＊カードの内容をグループごとに発表。他のグループはメモをとる。

☆日系人と一括りにできないそれぞれの人生に触れることで，そこに生きる"人"の存在に気づけるようにする。

（5） 2つの故郷の間で～日本にデカセギに来た日系ブラジル人～

① 日本の外国人労働者が増加している背景を説明する（（2）で使用した写真と関連させながら）。

② ワークシートの資料から，デカセギとして日系ブラジル人の労働者が増加したことに伴う問題点や，日系ブラジル人のアイデンティティの揺らぎに気づかせる。その後，奈良県在住の日系ブラジル人をゲストティーチャーとして招きお話をうかがった。

> イシカワ・エウニセ・アケミ（静岡文化芸術大学教授）
> （中略）ここで興味深いのは，日系ブラジル人はしばしばブラジル社会において「自分たち」以外の人々のことを「ガイジン」や「ブラジル人」の名で呼んでいるにもかかわらず，日本においては自分たちのことを指すのに「日系人」の他に「ブラジル人」を使っていることである。（中略）日系人は非日系人に対しては「日本人」であり，日本人に対しては「ブラジル人」であったりする。

(6) 地球に生きるわたしたち

① 「私は○○です」と自己紹介の文を考える。

　次のシチュエーションで，「私は○○です」という形で自分を紹介する文を考えましょう。ただし，各シチュエーションにつき，3文までとします（言語は日本語でOK）。さあ，伝わる自己紹介ができるかな？

＊シチュエーションは，教師がその都度提示する。隣の人，東京の人，中国の人，宇宙人。

☆自己紹介をするという場面を，近くから，規模を大きくしていくことで，地域を越えて，地球に生きているということを意識させたい。

② 異文化に出会うシュミレーションゲーム「バーンガ」をする。

☆グループごとに異なるルールで進むこのゲームを通して，異なる他者の気持ちやそれを受け入れることの体験をすることがねらいである。

③ 隣に外国人が引っ越してきたとき，自分たちができることを考える。

　日本にやって来る外国人の抱える問題点にはどのようなことが考えられますか？　これまでの学習を思い出してみよう。また，現在，日本に定住する外国人がアイデンティティを獲得していくために，先がけて日本に住むあなたがどんな配慮をしていくべきだと思いますか？

2 　使える知識としての内面化：課題づくりのヒント

　公的機関を積極的に利用することで，資料を数多く収集することができたり，ゲストティーチャーとつないでもらえたりする。　　　　　　（山本紗哉加）

【注】
・アンジェロ・イシ『ブラジルを知るための56章』明石書店，2010　ほか
・筆者はJICA関西の2015年度教師海外研修（ブラジル）に参加した。

CHAPTER 7 九州を知ろう

知識・理解

「九州」の名称の由来を古代の国名から考えさせ，現在の県については県章から覚えさせる。さらに日本列島における九州の位置や歴史もつかませる。

1 学びの過程：授業展開プラン

(1) 九州にあるのは何県？

T：「どうして『九州』と言うのか？」
S：「9つの県があるから……？」
T：「県は8つしかないよ。実は，県で呼ばれる以前から『九州』の名称はあった。つまり，九州の名称には古代の国が関係している」
　「では，地図帳で古代の国名を調べてみよう」

　地図帳には，「肥前」「肥後」など古代の国名が書かれているので，その名称と位置を見つけさせる。筑前・筑後・豊前・豊後・日向・薩摩・大隅と全部で9つの国があり，そこから「九州」（州には，島とか「国」とかの意味がある）と呼ばれたことを説明すると，自分で調べた分，生徒の理解は早い。

Q グループ クイズ 次のA～Hまでの県章は，九州の何県のものか？

県章	A	B	C	D	E	F	G	H

A：福岡県（梅の花をデザイン化）　B：長崎県（「N」をデザイン化）
C：熊本県（「ク」をデザイン化）　D：大分県（「大」をデザイン化）
E：宮崎県（「日向」をデザイン化）　F：沖縄県（おおきな「わ」）
G：鹿児島県（県の形をデザイン化）　H：佐賀県（3つの「ガ」）

※生徒が理解しやすいように多少アレンジして説明している。

生徒にとって難しいと判断した場合には，1つの県章を例にして説明する。

T:「Hは佐賀県だ。その証拠は，県章の中に隠れているカタカナだ。さて，その文字は何か？」
S:「何か字がある」「カと書かれている」
T:「そこには『ガ』が3つある。3つの『ガ』で，『サンガ』→『佐賀』というわけだ」

ダジャレみたいだが，これが意外と生徒には受ける。

(2) 長崎に「日本初」が多いのは，どうしてなのか？

Q クイズ ジャガイモの生産，全国1位は北海道だが，2位はどこ？
A：青森県　B：茨城県　C：長崎県　D：岩手県　E：鹿児島県

A 答え C：長崎県

T:「どうして長崎県が2位なのか？」
S:「長崎の人はジャガイモ好き？」
T:「オランダ人が初めて日本にジャガイモを持ち込んだのが長崎だったからだ。でも，なぜ長崎だったのだろう？」
S:「出島があったから」「日本の西にあるから」

外国のものは西から入ってきたこと，そして九州は日本列島の西に位置することを意識させる。

T:「九州は日本列島全体から見ると「西」に位置している。コンパスの針を福岡にあて，大阪・東京・札幌で円を描いてみるとわかる」

この作業で，大阪とソウル，東京と上海，札幌と北京までの距離がほぼ同じであることをつかませ，大陸に近いことも実感させることができる。

2 使える知識としての内面化：課題づくりのヒント

県章から県名やその位置を理解させる方法は，他の5地方の学習の導入にも使える。ただし，北海道では「本物の道章はどれ？」となる。(田中　龍彦)

CHAPTER 8 興味・関心
祇園の佐川になぜ暖簾？

　私たちの文化や生活環境を守るために，それぞれの地域において特色ある取り組みがなされている。そうした取り組みを表すものとして，条例や都道府県・市区町村の独自の政策が挙げられる。そこで，京都市の「新景観政策」から，景観保護の視線から文化や生活環境を守る取り組みについて学習する。

1　学びの過程：授業展開プラン

（1）　白いケンタッキーや赤くないマクドナルド……ここはどこ？

　ケンタッキーフライドチキンやマクドナルドの店の写真を見せる。子どもたちの歓声が上がったところで，京都市にあるケンタッキーフライドチキンやマクドナルドの写真を見せていく。

> S：「色が違う！」「真っ白なケンタやマクドのお店がある！」
> T：「ここはどこか，わかるかな？」

その上で，祇園にある佐川急便の店の写真を見せる。

> T：「修学旅行や観光でとても有名な場所だね」
> S：「京都だ！」
> T：「京都は，他の地域にはあまりないような形や配色の店がたくさんあるね。では，今日はこの祇園の佐川急便の店から考えてみよう」

> **発問**　なぜ，京都の祇園にある佐川急便の店には暖簾がついているのだろうか？

・京都の街並みを守るため　　・暖簾がついていたほうが京都らしい

　子どもたちの意見を出した後，京都市では，昭和47年に市街地景観条例を

全国にさきがけておこない，現在は新景観政策として，
　・建物の高さ　・眺望景観や借景　・建物等のデザイン
　・屋外広告物　・歴史的な町並み
という5つの柱で支援をおこなっていること，建物に制限を設けたり，景観を維持したりするように条例で位置づけられていることを伝える。

(2)　実際に住む人や商売をする人はたいへんじゃないか？

T：「でも，実際に住む人や商売をする人は，高さやデザインの制限があることはたいへんじゃないのかな」

　なぜ，京都市はそこまで景観を守ろうとするのだろうか？

S：「やはり，京都は歴史的なものも多く，古いものを守りたいのだと思う」
「たいへんだとは思うけど，どんどん開発されていって京都らしさがなくなってはいけないのだと思う」

(3)　祇園の佐川急便の店は，平成24年度「屋外広告物部門市長賞」

　京都市では，平成24年度に「京都景観賞」を創設，京都ならではの魅力のある広告物を表彰しており，祇園の佐川急便の店舗もその「市長賞」の一つである。授業の最後に写真をもう一度見ながら，どうして市長賞に選ばれたのかを話し合う。

2　使える知識としての内面化：課題づくりのヒント

　京都市には，景観を意識した町並みや店舗，広告物が多くある。インターネットを使って調べるだけでも多くの情報が手に入る。また，住宅を建てる場合も制限があり，それについて教材化するのもよい。　　　（長瀬　拓也）

【参考文献】
・『京の景観ガイドライン』京都市都市計画局

CHAPTER 9 環境を守る熱い活動「石けん運動」

ユニバーサルデザイン

琵琶湖では，水質汚濁が目立った1970年代に地域住民による「石けん運動」が盛んになった。数ある環境活動の中から「石けん運動」に焦点をあて，琵琶湖の環境や自分たちの生活，子どもたちの未来を守りたいと考える地域住民の思いや願いについて学習する。

1 学びの過程：授業展開プラン

（1） どうして粉石けん使用率が大幅に上がったのだろうか？

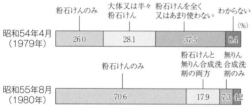

粉石けんと合成洗剤の使用状況（滋賀県）

はじめに，合成洗剤を使うと赤潮が発生しやすくなり，大量の魚が死んでしまうことや水質が悪くなることを確認する。

その後，左図の「昭和55年8月」のグラフを隠した状態で提示する。

> T：「さて，この『使用状況グラフ』は，昭和55年にはどうなると思いますか？」
> S：「少しぐらい増えるんじゃないのかな」
> 　「1年じゃあまり変わらないかも……」

グラフを見ると，大幅に粉石けんの使用率が上がっていることがわかる。

発問 粉石けんは使用しにくいにもかかわらず，70%という高い使用率になったのはなぜだろう？

S:「だれかが広めていったのかな?」「どのようにして広めたのだろう?」「粉石けんのよさを口コミで広げていったのかな」
「CMに出してもらうよう,お願いしに行ったのかな」
「チラシを配ったり,ポスターを貼ったりしたのかな」

(2) 当時活動されていた方の努力や願いを考える

　　発問　たいへんな活動をしてきたのですね。そこまでして活動を続ける必要があったのだろうか?

S:「やっぱり琵琶湖の水を守るためにみんなで協力したのだと思う」
「琵琶湖を守ることは自分たちの生活を守ることになるからだと思う」

当時の活動の様子や活動されていた方々のインタビュー動画などを見せ,その思いや願いを知る。

S:「子どもたちの健康を守るためだったんだ」
「地域住民の熱心な活動が県民の心を動かしたのだね」

「石けん運動」で学んだことをもとに,自分たちの身のまわりの環境についても考え,今後自分は何ができるのか,さらには環境問題に対する自分のこれからの関わり方についても継続して考えさせていきたい。

2 使える知識としての内面化:課題づくりのヒント

「合成洗剤」や「粉石けん」の実物を用意し,子どもたちの興味・関心を高める。石けん運動と同時におこなわれた廃食油の回収・リサイクル事業をもとに,「菜の花プロジェクト」など様々な活動に広がりを見せたことを紹介することで,「自分たちも身近なところから何かをやっていこう」という気持ちをもたせたい。

（宗實　直樹）

【参考文献】
・藤井絢子ほか編著『菜の花エコ革命』創森社,2004

CHAPTER 10

方法論

日本の諸地域を生徒授業で学ぶ

　身近な地域の調査と日本の諸地域を結びつけて班単位の生徒授業をおこなう（授業は50分間ではなく，25分間のミニ授業とした）。調査発表ではなく生徒授業とした理由は，授業をする側，受ける側の双方が能動的姿勢で授業に臨むことができるからである。また，日本地理学習のまとめとするため，日本の諸地域の学習を教科書の順番で行わず，学校所在地である近畿地方を最後に学習した。

1　学びの過程：授業展開プラン

（1）　班で授業を計画しよう（4時間）

グループ研究

①　学級を6つの班に分ける。

　学級の基本班でも構わないが，事前に下記項目のアンケートをとって，学級担任と相談し，教員が班を決定した（それぞれの項目を得意・普通・不得意などの2〜3段階で答えさせた）。

- ・社会科が好きか
- ・社会科が得意か
- ・イラストを書くのが得意か
- ・字を書くのが得意か
- ・ノートまとめが好きか
- ・発表や人前で話すのが得意か
- ・インターネットを用いて調べものをするか

②　班長を決定する。

③ 以下の6つの授業を班ごとに分担する。
（1）近畿地方の自然と琵琶湖の環境問題　（2）大阪と神戸
（3）京都と奈良　（4）近畿地方の工業
（5）近畿地方の農林水産業　（6）兵庫県について（神戸を除く）
④ 何を授業で伝えるかを考える。

　教科書や資料集を参考にして，25分間で何を学ぶことが必要かということを書き出していく。キーワードの書き出しができたら，教員のチェックを受け，⑤へ進む（ここは班員で協力し，スムーズに進んだ）。

⑤ 学習指導案を作成する。

　導入，展開，まとめの内容を考え，学習活動，指導上の留意点に分けて記入する。指導案ができたら教員のチェックを受け，⑥〜⑨へ進む（講義形式にならないように，資料の読み取りやクイズを考えることに苦戦する班が多数であった）。

⑥ 授業のテーマを決める。

　インパクトがあり，授業を受ける人が楽しみになるようなテーマにする。なかなかよいアイディアが出てこなかったが，以下は実際に生徒が考えたテーマである。

　　・琵琶湖と近畿の大冒険　　・関西2大都市対決
　　・京都と奈良が誇る宝物　　・町工場が生んだ世界一の技術
　　・コウノトリの舞　　　　　・兵庫マスターへの道

⑦ ワークシートを作成する。

　B4の方眼用紙に手書きでワークシートを作成し，印刷する。

⑧ 説明する資料（黒板に掲示するグラフなど）を作成する。

　教員側で画用紙とマグネットを用意した。

⑨ 授業者を決定し，模擬授業をする。

＊授業づくりに関して，他社の教科書，図書室や教員私物の書籍，博物館のガイドブック，インターネット接続できるパソコン（班1台）を用意した。

* 授業を計画するうえで，講義形式の授業ではなく，クイズや班活動を取り入れ，全員が能動的に参加できるという条件をつけた。
* 日本の諸地域の学習は，7地方区分と7つのテーマをそれぞれにあてはめた動態地誌学習でおこなうことになっているが，生徒授業では難しいため，静態地誌学習で行った。

〈授業計画のためのワークシート例〉

127. 生徒授業にチャレンジしよう！②
〜授業計画シート〜

( )組 ( )グループ 名前( )

A. キーワードを探せ！
1時間で教えたいキーワードを書きましょう。

B. 授業テーマを決めよう！
楽しそうなテーマを設定しましょう。近畿地方の後には数字が入ります。

| 近畿地方 〜 〜 |

近畿地方の自然と琵琶湖の環境問題 → 近畿地方①
大阪と神戸 → 近畿地方②
京都と奈良 → 近畿地方③
近畿地方の工業 → 近畿地方④
近畿地方の農林水産業 → 近畿地方⑤
兵庫県について（神戸を除く） → 近畿地方⑥

C. 授業の進め方を考えよう！
ただ単に調べたことを発表するだけでは授業とは言えません。また，言葉を説明するだけでは楽しくありません。みんなが参加できる楽しい授業をつくりましょう。

授業は導入，展開，まとめで成り立っています。
　導　入←クイズや自分で調べさせる，班で考えるなどがおすすめ。
　展　開←キーワードを全て押さえることができるようにする。
　まとめ←授業で学んだことを振り返る。

段階	学習活動	指導上の留意点
導入 ( )分		
展開 ( )分		
まとめ ( )分		

D. 授業に必要な準備物を考えよう！
例）画用紙　磁石　掲示用写真　など

（2） 班で授業をしよう（3時間）

> **グループ授業**
> ① 1時間（50分間）で，2つの班が授業をする。
> ② 班員の中で2人以上という条件で授業をする。班員全員でも構わない。ほとんどの班が，2～3人で授業をおこなった。
> ③ 授業終了後，授業評価シート（興味がわいたか，説明がわかりやすかったか，ワークシートの内容は整理されていたか等，A～Dの4段階による評価と感想）を記入し，全授業終了後に提出する。

2 使える知識としての内面化：課題づくりのヒント

〈ヒント1〉 各分野のまとめとしての生徒授業

　1時間で2つの班が授業をするミニ授業にしたが，50分間の授業をさせることも可能であると感じた。地理的分野だけでなく，その他の分野のまとめとして生徒授業を行うことで，3年間で3度の生徒授業を経験させたい。

　歴史的分野では戦後史を年10単位で区切り生徒授業させることができる（家族への聞き取りなども容易にできる）。公民的分野では，国際社会や現代日本の課題を生徒授業させることができる。

〈ヒント2〉 総合学習との共同の学び

　授業づくりに際して，旅行ガイドブックや旅行社のパンフレットが参考になる。生徒授業をする前に用意させておくとよいだろう。また，この授業の後に，総合学習の一環で神戸班別校外学習を行った。社会科と総合学習の共同した学びにより，内容を深化させることができた。

（田沼　亮人）

【参考文献】
・加藤好一『教師授業から生徒授業へ　社会科授業技術をどう活かすか』地歴社，1997

知識・理解

知多半島の電照菊は，どうやって栽培されているのか？

知多半島では施設園芸農業として電照菊の栽培がおこなわれていること，電照菊は抑制栽培で，深夜の電気を利用するなどの工夫がおこなわれていることなどをつかませる。

1 学びの過程：授業展開プラン

(1) 知多半島では，どんな農業がおこなわれているのか？

　夜の電照菊のビニルハウスの遠景写真を提示して，「これは，何の写真？」「近づくと，こんな様子だ」さらに，「中は，こんな様子」と，遠景からビニルハウスの外観，その内部の写真と順番に提示しながら，生徒に考えさせる。菊の花が写っていない写真を見せると，何か植物が栽培されていることはわかる。そこから，知多半島と渥美半島では施設園芸農業がおこなわれていることを教科書で確認させる。

　「でも，どうして米ではなく，花を栽培しているのだろう？」

　この発問に対しては，愛知県の地形がわかる白地図を資料とし，その白地図の丘陵地・台地と低地の色分け作業をおこなわせる。すると，地形的特色から，稲作ではなく園芸農業に適していることをつかませることができる。

(2) 電照菊は，どうやって栽培されているのだろうか？

　T：「菊の花が咲く季節はいつ？」
　S：「秋」
　T：「そんな菊の花を日本人が飾るのは，どんなとき？」
　S：「お葬式」「お墓参り」「お彼岸」
　T：「では，秋以外の季節では菊の花は飾らないの？　お葬式って，秋

にしかしないの？」
S：「そんなことはない」「お葬式に季節は関係ない」
T：「だから，このような施設を使って園芸農業がおこなわれている」

　説明しながら，ガラス温室やビニルハウスの写真を提示する。そして，ここで栽培されている菊は「電照菊」と呼ばれていること，菊の花は「日照時間が短くなるため秋に開花すること」を説明する。

T：「では，照明を当てると，菊の花の咲く時期は早くなるのか？　遅くなるのか？」
S：「遅くなる」「……」
T：「電照菊の栽培では，夜間も照明を当てることで日照時間を伸ばしている。これは抑制栽培の一つだ」
　「では，電照菊の栽培では，どのタイミングで照明を当てているのか？　次の中から答えをグループで話し合って決めなさい」

Q グループ クイズ　電照菊で照明を当てるタイミングは，いつ？
　A：夕暮れとともに　　B：夜中に突然に　　C：早朝の日の出前に

　安い深夜電力を利用しているので，Bになる。また，日照時間は連続していなくてもよいため，夜中の点灯でも問題はないので，やはりBになる。

2　使える知識としての内面化：課題づくりのヒント

　抑制栽培とは逆の促成栽培についても，関連させて理解させる。

(田中　龍彦)

【参考文献】
・春名政弘「日本を知る11　中部を知る」『地理授業シナリオ（上）』地歴社，2010

 ユニバーサルデザイン

雪の下に野菜がごろごろ？

　豪雪地帯に住む人々は，雪と闘い雪を克服してきた。しかし，その一方，雪を何かに利用して利雪をしてきた。じゃまものだと思われている雪であるが，見方を変えるとマイナスからプラスに変化し，工夫をすることで雪も資源となり得ることを学習する。

 学びの過程：授業展開プラン

（1）　なぜ雪の下にキャベツを置いているのか？

　左のように下部を隠した資料を提示し，子どもたちに問いかける。

「何をしていると思いますか？」

　子どもたちは前時で「克雪」について学んでいるので「雪かきをしている」と口々に答える。しかし，実際には雪かきではない。

「え，だったら何をしているの？」

　それぞれ予想をさせた後，隠している部分を見せ，キャベツを掘っていたことを理解させる。

 なぜ，雪の下にキャベツを置いていると思う？

S：「新鮮なまま保てるからだね」
　　「長期保存ができるからじゃないのかな」

　保存のためだと答える児童は多いであろうが，「糖度が増して甘くなるから」という理由を答える児童は少ない。

　そこで，雪下キャベツを生産している農家さんの動画を見せ，理解させる。

(2) その他に「利雪」していることはないのか？

スキーや雪祭など，スポーツやレジャーにおける「利雪」は容易に予想できる。

・住宅や倉庫における利雪　・農業における利雪　・水産業における利雪
などは難しいので，学級の実態に合わせて資料を用意し，出た意見をカテゴリー分けしながら板書していく。

(3) 「利雪」のよさは何だろう？

様々な利雪の事例が発表された後，「利雪」のよさについて考えさせる。

 こんな「利雪」，なくてもいいんじゃないの？（揺さぶり）

「いや，絶対にあったほうがいいよ。だって……」と，子どもたちは利雪の「よさ」について語り出す。

> S：「雪下キャベツや雪下にんじんは，自然に保存できるだけでなく，雪のおかげでおいしくなるから一石二鳥です」
> 「雪室がある住宅は，クーラーを使わずに部屋を冷やすことができるから電気代がかからないね。自然エネルギーだ」
> 「雪室がある住宅はクーラーを使わないので環境にもいいね」
> 「スキーや雪祭りやかまくらは，人に楽しさや喜びを与えるね」

雪下キャベツを一つの典型として，その他の利雪事例へと発展させる。

2 使える知識としての内面化：課題づくりのヒント

「雪はたいへん」「雪はじゃまもの」という意識を変えさせることがポイントである。「マイナス」を「プラス」に変えてみようとする視点は，その他の事例でも転用可能な見方となるのでしっかりと価値づけしたい。（宗實　直樹）

【参考文献】
・伊藤親臣『空から宝ものが降ってきた！　雪の力で未来をひらく』旬報社，2016

知識・理解　　活用力

なぜ，鳥取県はコーヒー支出量が全国１位なのか？

　総務省の「家計調査」は，地理的分野や公民的分野（特に家計）に使えるネタの宝の山である。家計調査をもとに仮説を立てたり，他のデータを集めたり取材をしたりする学習を通じて，基礎知識を身につけさせるようにする。

1　学びの過程：授業展開プラン

（1）　全国１位の都道府県庁所在地は？

> **Qクイズ**　（世帯あたりの年間支出額データを使って）次にあげる食品の年間支出額が全国１位の都道府県庁所在地はそれぞれどこ？
> 　①　みかん　　②　かつお　　③　緑茶

T：「正解は，①は和歌山市。数量では静岡市が１位です。②はダントツの高知市です。③は静岡市で，金額・数量ともに１位」
S：「その食品を多く生産している都道府県の県庁所在地だから？」
T：「そうとも限らないものや，なぜここが全国１位なのかうまく説明できないものも，たくさんあります」

（2）　「家計調査」から自分たちで「なぜここが全国１位なの？問題」をつくろう

　インターネットを使って，総務省のHPにアクセス。家計調査「品目別都道府県庁所在市及び政令指定都市ランキング（2013年～2015年平均）」から，グループでいくつも「なぜ問題」をつくるようにする。
・食パンが数量・金額とも神戸市が１位なのはなぜ？
・さつまいもといえば鹿児島が生産地なのに，数量・金額とも徳島市がな

ぜ1位なの？

（3） 仮説を立てて調べていこう

　グループごとに調べる都道府県を決め，仮説を立てながら，本・インターネット，電話・メールで取材をしていく。説明のつくものと説明のつかないものに分けてみる。

> **例**　鳥取県：
> かに・かれい・梨（数量・金額）……漁獲量・生産量
> カレールウ・マヨネーズ（数量・金額ともに）

S：「カレールウの数量ランキング10位までを見ると，相模原市を除いて共稼ぎ率が全国平均を上回っている」「つくりおきをしたり，子どもにもできることからカレーが食卓に並ぶことが多いのだろうか」「鳥取県ではらっきょうも1，2位だから，関係しているのだろうか」

T：「食べ物の嗜好は十人十色なので一概には言えないけど，地域性や歴史的なこともあるようです。コーヒーは29位から全国1位（2015年1年間）になったのですが」

S：「スタバが昨年進出し，それをきっかけにキャンペーンをしたことが，新聞記事で検索できました」「歴史的なことでは，鳥取大火（1952年）のとき，アメリカからの支援物資にインスタントコーヒーがたくさんあり，それが鳥取の人にとって初めての出会いだったという説があります」

2　使える知識としての内面化：課題づくりのヒント

　授業を通じて仮説を立て，参考文献にあたり取材をする中で，その仮説を修正し，別な仮説を立てて考えるという学び方を習得させたい。その中で，単なる物産知識にとどまらない動態的な知識が獲得できる。　（奥田修一郎）

活用力

1でも2でも3でもない 第6次産業とは，どんな産業？

日本の第1次産業の在り方を変化させる動きに，「第6次産業」がある。生徒たちの自由な発想を生かして，第1次産業と既存の仕事を組み合わせて新しい業種を考える授業である。

1 学びの過程：授業展開プラン〈新しい産業構造〉

 近年は，第6次産業というのがあります。どのような産業だと思う？

S：「お年寄りが多くなっているから介護産業なのでは」
　「情報通信産業では」
　「少子化だから，教育に関わる産業では」

これまでの授業では，第1次産業について農業や漁業，林業に分けて授業をおこなっていた。そこで，第6次産業を中核に据え，第1次産業の共通の課題として，輸入品との競争を取り上げる。その課題克服のための対応の一つが，第1～3次産業までを複合化させた第6次産業である。農業や漁業などの第1次産業が，食品加工・流通販売にも業務展開している企業を提示して，身近なところにもあることを知らせる。

◆1＋2＋3？　それとも1×2×3？

★考えよう　第6次産業とは，1＋2＋3？　それとも1×2×3？　どちらだと思う？

S：「すべてが足し合わさった産業だから，1＋2＋3だ」

56

「でも，1×2×3でも6にはなるよね？」
T：「2つの違いはどこにあるのか？」

単なる足し算であれば，第1次産業がなくなって，2＋3でも成立してしまう。しかし，第6次産業は，第1次産業があって成立するものである。そのために，1次産業がなくなれば，いくら2次産業，3次産業を強化しても答えはゼロになる（0×2×3＝0）ということに気づかせる。

> **グループワーク** 第1次産業と既存の仕事とをかけ合わせて，新しい業種を考えよう。

S：「高級野菜を作る農家と輸出業者が手を組んで，アグリビジネスなどどう？」
「介護産業と農家が手を組んで，お年寄りに優しい介護食産業とかはどう？」

例として，長崎県の「おおむら夢ファーム シュシュ」をあげる。この会社は，観光農園や農作物を利用した食品製造業，さらには，農園を利用した結婚式場まで経営している。また，生徒たちの発想に限りがあれば，農林水産省『6次産業化の取組事例集（平成29年2月）』などを参考にさせることで発想を広げさせる。

2 使える知識としての内面化：課題づくりのヒント

これからは，チームに貢献したり，人に教えたり，リーダーシップを発揮したり，合意できるように交渉したり，多様な人々と働いたりする能力が必要とされる。そのため，今回の事例のように正解が一つではなく，様々なものが考えられ，かつ突拍子がなくてもみんなが納得するような仕事を，友だちの意見を参考に創造することが大切である。これまでの既存のどの仕事とどのようにコラボレーションしていくのかを創造する力は，キャリア教育にもつながるものである。

（大津　圭介）

第3章

主体的・対話的で深い学びを実現する！アクティブな歴史授業モデル

CHAPTER 1

知識・理解

前方後円墳の秘密をさぐれ！

日本各地に点在する多くの古墳。これは，3〜7世紀頃に勢力を広げ，くにをつくりあげた王や豪族の墓といわれている。その中で一番多い形は前方後円墳で，日本独特の古墳である。古墳，特に前方後円墳に焦点をあてながら，大和朝廷（大和政権）と豪族を中心とした古墳時代を学習する。

1 学びの過程：授業展開プラン

（1） 実はいろいろな形の古墳がある

教室に前方後円墳の模型を持ってくる。いきなりは見せない。

T：「昔の王様のお墓を知ってる？」
S：「古墳だ！古墳だ!!」
T：「では，古墳ってどんな形か描いてみよう」

描いたものを見ながら，円墳や帆立型古墳などいろいろな古墳を紹介する。そのうえで，前方後円墳を見せる。

<発問> いろいろな古墳がある中で，前方後円墳はとても多い。では，なぜ前方後円墳がたくさんあるのだろう？　その目的は何だろう？

S：「権力を表したい」「今だけ強いんだと示したい」
　「死んでも自分の存在を伝えたい」

しかし，これだけでは，前方後円墳の理由としては弱い。

（2） 大仙古墳は誰に見せているのか？

> **グループ討議** 大仙古墳は15年8か月の歳月と，680万人以上の人数がかかったとされている。大仙古墳は誰に見せているのだろう？

S：「自分のくにの人に見せたのでは」「やはり，敵に見せたと思う」

（3） なぜ，大仙古墳は海や海の近くから見えるのか？

大阪府堺市の地図を見ると，大仙古墳は海の近くの西側に面している。今と違って高い建築物がないので，大仙古墳の周りにある大小様々な古墳群も船上や海の近くにいれば見ることができたことが予想される。

T：「なぜ，大小様々な古墳群が海から見える場所にあるのだろう」
S：「自分たちの権力を，外からの敵や渡来人のたちに見せたいのでは」
　「みんな同じ形のお墓をつくることで，チームワークを見せることができるよね」

＊前方後円墳が多い理由は諸説あり，
　1　宗教の礼拝所としての意味合い
　2　自分たちの権力誇示（国内のみならず外国（中国や朝鮮）に対しても）
　3　鉄の流通や共有を中心としたネットワークの誇示の意味合い
があげられる。古墳の形にはランキングがあり，大きさや形によって権力の度合いが異なる。また，権力だけではなく，鉄の輸入ルートに関連して，中央（大和朝廷）と地方（豪族）の結びつきを考えることもできる。

2　使える知識としての内面化：課題づくりのヒント

堺市博物館には大仙古墳に関わる映像や資料が多く，参考になる。博物館の方にインタビューをして，その映像を見せるのもよいだろう。

（長瀬　拓也）

【参考文献】
・広瀬和雄『知識ゼロからの古墳入門』幻冬社，2015

CHAPTER 2 活用力

平安時代のスーパー貴族！藤原道長ってどんな人？

古代

「この世をば……」の和歌から「おごり高ぶった態度！怖い者知らず！」とイメージさせる藤原道長は，実は「小心者」であった。世界記憶遺産に認定された道長の自筆日記『御堂関白記』や側近の日記から，道長の実像と摂関政治のしくみを探究する。

1 学びの過程：授業展開プラン

（1） 藤原道長ってどんな人？

> **Qクイズ** 藤原道長には，藤原公任という年齢が近い秀才がいました。道長が子どもの頃，父親が「わが子どもたちは公任の影さえ踏めそうもない（能力ではとてもかなわない）」とがっかりしたように言いました。それを聞いた道長はどう答えただろうか？ 次から選びなさい。
> ① 公任とは違う道を歩んでやる
> ② 公任より出世して後ろに追いやり，私の影さえ踏ませない
> ③ 公任の顔を踏んでやる
> 一斉に，正しいと思う番号を指で示してください。

T：「正解は③です。次の道長の日記（道長が権力を握って5年目の頃）を読んでください」

会議の出席者名簿を天皇に提出しようとしたところ，出席すべき会議のメンバーは出席しなかった。（ ？ ）

T：「道長が朝廷のリーダーとなってある儀式を開いたところ，出席するはずのメンバーが，朝廷から全員退出しました。道長はどうした

でしょうか。(?)に入る道長の
言葉を考えましょう」
S:「メンバー全員を叱った」
　「メンバーを辞任させた」
　「陰でメンバーをいじめてやろう」
　「懐の大きいところを見せるため，
　今回は許そう」
T:「道長の自筆日記である『御堂関白記』を読むと，『自分が儀式をリードする人間としてふさわしくないからだろうか？』と心配しています」

（2） なぜ藤原道長は朝廷に出仕（出勤）しなかったのか？

T:「道長の親しい貴族の日記に，道長が『我が身の大事のため』として朝廷への出仕（出勤）を数日間取りやめることになったとの記述がありました。『我が身の大事』とは何でしょうか？
　まずは個人で，そう考えた理由も含めてワークシートに記入しましょう。思考タイムは3分です（この間，机間指導）。
　それでは，小集団（3名～4名）で意見交換してみましょう。制限時間は8分です。小集団メンバー同士で情報交換をおこない，メンバーの意見をワークシートに記入しましょう」

＊教師が小集団の司会を事前に決めておく。毎時間，ローテーションで司会やその他の役割を担わせるとよい。

T:「それでは，各小集団で出た意見をクラス全体で確認しましょう」

＊全体集約の方法は多様である。各小集団に発表シートを配付・記入させ，黒板掲示（小集団全体の意見内容が一覧化！）。複数の小集団を指名（教師が，情報交換時にユニークで多様な意見交換をしている小集団を把握しておく！）。
全小集団の意見発表（時間が許せば！）。

発表例

- 道長は権力者なので命をいつも狙われている。暗殺を警戒した。
- 道長の絵を見ると，かなりの肥満である。病気で出仕できなかった。
- 「我が身の大事」というのはウソで，道長はわざと出仕しないで，朝廷内の気になる貴族の陰謀を確かめようとした。

T：「道長の体型や行動の裏を読むユニークで鋭い意見も出ましたね。（映画『陰陽師』の呪詛シーンを視聴させて）道長だけでなく道長の娘（彰子）とその孫（男子）を呪う札が発見されたのです。

　道長は何よりも"呪い"を恐れました。道長の日記には，そのことが書かれていませんでした。書くこと自体が怖かったのだと考えられます。では，ここで考えてみましょう。

　どうして道長だけでなく，娘や孫まで呪われたのでしょうか？」

S：「道長以外の家族にも呪いをかけることで，道長に大きな打撃を与えたかった。道長の娘を利用した摂関政治が失敗するから」

T：「教科書（または資料集）に載っている道長と天皇家との系図を見てみましょう。生徒の発言にもあったように，道長は，娘と天皇との結婚を通して権力を握る方法を使いました。娘と天皇との間にできた男子をやがて天皇にし，道長は孫（天皇）の祖父という立場を利用して摂政や関白となり，朝廷の権力を握りました。この政治のしくみを摂関政治といいました。道長は自分だけでなく，藤原氏の権力の基盤である娘や孫の命を守らなければならないという使命感と危機感をもっていたのです。

　さっき観た陰陽師という映画は，吉凶判断や天文を司る陰陽師である安倍晴明が主人公です。実際，道長らに呪いがかけられたとき，晴明が様々な奇術を使って呪いをはらったとされています。平安時代の貴族は，科学が未発達だったり，照明が十分でなく部屋の中や夜が暗かったことなどもあるでしょうが，自然を恐れ，霊魂や呪いを恐れ，その活動を信じました。日々の吉凶を占い，その通りに行

動しました。現代に比べてかなり迷信深い時代ということができるでしょう。最高権力者の道長でさえそうなのですから」

2 使える知識としての内面化：課題づくりのヒント

〈ヒント1〉「思想」の視点から

「ケガレ」（死体・出産・血など）と「ミソギ」（物忌など）の視点から，平安時代の人々の深層心理を探究する。道長も自分にふりかかるケガレ（人や動物の死体）を無視できなかったという。神社での「お手水」に代表されるように，古事記以来の日本人の「ケガレ忌避・清潔観念」思想が，現代まで受け継がれている。

〈ヒント2〉「文学」の視点から

「文学」の視点から，当時の思想を探究する。道長は，娘彰子の家庭教師として紫式部を重用し，『源氏物語』のスポンサーでもあった。また『源氏物語』は，上記の物忌や因果応報といった仏教思想など貴族社会の思想を理解するうえで好教材となろう。

〈ヒント3〉「烏帽子」の視点から

「烏帽子」の視点から，当時の男子の社会通念を探究する。平安時代から鎌倉・室町時代までは，「帽子の時代」であった。当時，男子が頭を見せることは「恥ずべき行為」だった。よって，寝ているときなども烏帽子をかぶっていた。『源氏物語絵巻』などの絵巻資料が教材となろう。

（乾　正学）

【参考文献】
・倉本一宏『藤原道長の日常生活』講談社現代新書，2013
・土田直鎮『日本の歴史5　王朝の貴族』中公文庫，1977

CHAPTER 3

活用力

源氏と平氏，明暗を分けたのは？
～経済の視点を取り入れた歴史学習～

歴史学習における源平の合戦は，『平家物語』の影響を大きく受けている。『平家物語』は，盛者必衰のストーリーとして描かれ，栄華を誇った平氏が衰退していく流れとなっている。では，一時日本のほぼ半分の領地を支配した平氏が，そのわずか5年後に滅びたのはなぜか。

1 学びの過程：授業展開プラン

（1）『平家物語絵巻』の並べ替え

 『平家物語絵巻』の各場面を，ストーリーに合うように並べ替えよう。

資料を読みたくさせる発問である。『平家物語』のストーリーを通して，歴史の大まかな流れをとらえさせる。時間や状況によって場面数を調整できる。

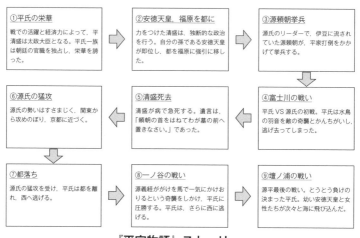

『平家物語』ストーリー

（2）平氏は，どうやって力をつけたのか？

★考えよう 清盛の父・忠盛は，どうやって上皇に気に入られたのだろう？

　生徒に考えさせても，三択でもよい。宋との貿易を重視していた忠盛は，貿易で得た珍しい品物を上皇に貢いで気に入られ，上皇のそばに仕える存在となった。そして，豊かな国の国司に任命してもらい，富を蓄積した。

色塗りしよう 平氏の全盛期の領地（知行国）を色塗りしよう。

　平氏は32か国を領地とし，全国のほぼ半分を支配したことを，作業を通して実感する。

◎◎探そう 平清盛は，どうやってこのように力をつけることができたのか？　教科書から探そう。

　朝廷の権力争いに加担する中で，武士，特に平氏が力をつけてきたこと，そして日宋貿易によって富を得たことを教科書から確認する。

発問 当時の日宋貿易では，次の工程を誰がおこなっていたのだろう？

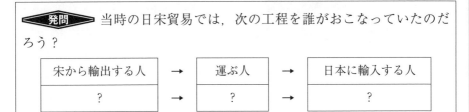

　正解は，すべて宋商人である。当時の貿易は朝廷が独占し，規模も小さなものであった。朝廷はリスクを避けるために，すべての工程を宋商人に任せていた。そのため，一番利益を得ていたのは宋商人である。忠盛は朝廷に見つからないように，密貿易によって珍重品を得ていた。

　清盛は，日宋貿易のしくみを変えるために大輪田泊を修築し，博多の宋商人を介さずに取引し，自分たちが利益を得られるようにした。また，清盛は

宋銭を大量に輸入し，貨幣経済を日本に浸透させようとした。物々交換から貨幣経済に変わることで，便利で商業が活性化され，富を蓄積できるようになった。また，貧富の差が拡大し，一番貨幣を持っている平氏の栄華が絶対的なものになった。

（3） 経済政策をめぐる争い

> **発問** 武士，貴族，商人，農民は，源氏と平氏，どちらに味方しただろう？

A 答え 源氏……（農業を重視）武士，貴族，農民
平氏……（経済を重視）商人

それぞれどちらに味方したかを考えさせる。実際にはこのように単純に分けられないが，政策を理解しやすくするために単純化している。

平氏の政策は，商業重視の政策であった。そのため，商人が賛成した。しかし，米や絹を中心とする物々交換のシステムで利益を得ていた人々は，平氏の政策に反対した。貴族や寺社，在地領主たちである。そして，農業を重視するこれらの勢力の代表として，源氏が兵を挙げた。源平の合戦は単なる源氏と平氏の争いではなく，経済政策をめぐる争いも含んでいた。そのため，農業重視政策の代表者である鎌倉幕府は，土地を仲立ちとした農業重視の政策をとっていくことになる。

（4） 平氏滅亡の謎

> **★考えよう** 平氏が大敗を喫した富士川の戦い。『平家物語』では，平家の臆病さが原因と描かれているが，本当の原因は何だったのだろう？

生徒に考えさせても，三択でもよい。正解は，西日本の大飢饉である。
当時，西日本は大飢饉であり，まともに兵力を確保することができなかった。大飢饉の際には貨幣の価値が下がり，米の価値が上がる。貨幣を大量に持っていた平氏には大打撃であった。一方の東日本は豊作であり，こうした背景が影響した。一説では，源氏4万騎に対し，平家は2千騎の戦力差があったといわれている。

> **発問** 平氏は，全国のおよそ半分の領地を支配した5年後に滅亡した。平氏滅亡の一番の原因は何だったのだろう？
> ① 武力が弱かった（源氏が強かった）から
> ② 武士の支持を得られなかったから
> ③ 経済政策に失敗したから（飢饉を含む）
> ④ 清盛の死が早かったから（後継者問題）
> ⑤ その他

学習したことを用いて，平氏滅亡の原因を考える活動である。まず，個人で意見を決める。次にグループで議論し，意見を1つに決める。そして，グループの代表者がパネルディスカッション形式で議論し，最後に一番説得力があったのはどの意見かを挙手，もしくは投票する。社会背景を理解したうえで歴史的事象の因果関係を解釈し，意見を構成するための学習である。

2 使える知識としての内面化：課題づくりのヒント

源平の合戦を，経済政策の観点でとらえることで，当時の社会をより深くとらえることができる。また，経済政策として吟味することで，現代の政策を評価する際にも応用できる力を育成できる。　　　　　　　（梶谷　真弘）

【参考文献】
・山田真哉『経営者・平清盛の失敗』講談社，2011
・山口慶一『気象と食糧から見た21世紀版日本の歴史　卑弥呼―戦国時代』アイシーアイ出版，2010

興味・関心

なぜ銀閣には銀箔が貼られていないのか？

「金閣には金箔が貼られているのに，なぜ銀閣には銀箔が貼られていないのか？」という生徒の素朴な疑問を学習課題に，室町時代像をとらえる。

1 学びの過程：授業展開プラン

(1) 金閣と銀閣について既習事項を確認する

T：「金閣は誰が建てたの？」
S：「足利義満」
T：「じゃあ銀閣は誰が建てたの？」
S：「足利義政」
T：「金閣と銀閣を比べて見ると何か疑問がわくよね。金閣には金箔が貼られているのに，なぜ銀閣には銀箔が貼られていないのか？」

(2) なぜ銀閣には銀箔が貼られていないのか？

発問 金閣には金箔が貼られているのに，なぜ銀閣には銀箔が貼られていないのか？

短冊に，自分の考えをまとめる。
・銀箔を買うお金がなかった　　・落ち着いた建物にしたかった

グループ討議 短冊を持ち寄り，グループで意見交換する。
全体討議 短冊を黒板で分類（KJ法）しながら学級全体で意見交換する。

S：「応仁の乱の後で幕府はお金がなかったので，銀箔を貼れなかった」
　「東山文化は『わび・さび』が特徴なので，銀箔を貼らなかった」

(3) 銀箔を貼れなかったのか，貼らなかったのか？

 銀閣は，銀箔を貼れなかったのか，貼らなかったのか？

S：「幕府に経済力がなくなってきていて銀箔を貼れなかったのでは…」
「やはり落ち着いた建物にしたかったので，あえて銀箔を貼らなかったのでは……」

T：「銀閣の壁面に白土（白っぽい粘土）が付着していましたが，近年この中に通常の量を上回るミョウバンという物質が混ぜ込んであることがわかりました。ミョウバンを混ぜ込むことで，ガラス質を含んだ白土がキラキラ光ります。銀は空気中の酸素にふれると黒ずんでしまうので，もしかしたら銀の代用としてミョウバンを使用したのかもしれません」

まとめ 学習を振り返り，感想をまとめよう。

2 使える知識としての内面化：課題づくりのヒント

〈ヒント1〉黒板上での分類法

短冊を黒板上で分類するとき，授業の後半で対比しやすいように，「貼れなかった」という意見と「貼らなかった」という意見をあらかじめ黒板の左右に分けて分類する。

〈ヒント2〉オープンな室町時代像

ミョウバンについては2008年からの大規模修理の中で発見されたものであるが，あくまでも可能性の話にとどめ，感想をまとめさせたい。この感想の中で，子どもたちの室町時代像がとらえられればよい。　　　　（山本　悦生）

【参考文献】
・山口大学教育学部附属山口中学校『研究紀要第51号』，2008

知識・理解

エルサレムはなぜ聖地なのか？

聖地「エルサレム」を抜きに世界の歴史は語れない。ところが，子どもたちに「エルサレムはどこにあるの？　なぜ聖地なの？」と尋ねても心許ない。そこで，とことんエルサレムを印象づける授業を考えてみた。

1　学びの過程：授業展開プラン

（1）聖地エルサレムはどの宗教の聖地なの？

> **探そう**　地図帳を見て，聖地とされている場所を探してみよう。

A 答え　「エルサレム」「メッカ」

＊帝国書院『中学校社会科地図』に聖地と記載されているのはこの2つのみ。

> T：「エルサレムについて，何と書かれていますか？」
> S：「ユダヤ教・キリスト教・イスラム教の聖地」
> T：「すごいね。3つの宗教の聖地だね」

> **★考えよう**　宗教の聖地になるのは，どんないわれのあるところかな？開祖と関係することが多いけれど……。

> S：「（開祖が）生まれたところ」「死んだところ」「布教活動を始めた」
> T：（嘆きの壁の写真を見せる）「何だろう？」
> S：「壁」
> T：「ただの壁ではありません。ユダヤ教のエルサレム神殿を取り囲んでいた壁の一部です。神殿は紀元前70年に破壊されてしまいますが，残った壁は『嘆きの壁』と呼ばれ聖地になっているのです。ユダヤ人は，この壁を単に『西壁』と呼んでいます。キリスト教徒に

とってはなぜエルサレムは聖地なのだろう？」
S：「キリストが生まれたところだから」
T：「残念。生まれたのは，エルサレム南方のベスレヘムです」
S：「十字架にかけられたキリストが復活したところだから」
T：「正解。イスラム教徒にとってはなぜ聖地なの？」
S：「？」
T：「ムハンマドが昇天したと伝えられる岩の上に礼拝所がつくられ，金箔のドームがそびえる建物『岩のドーム』があるからです」

(2) メッカとエルサレム

T：「イスラム教徒はどの方向に向かい，1日5回お祈りを捧げるのかな？」
S：「メッカ」
T：「ムハンマドの生誕地メッカにはカーバ神殿があり，イスラム教最大の聖地です。しかし姉妹関係にあるキリスト教，ユダヤ教との関係が悪くなるまでは，ムハンマドはエルサレムの方角に向かい祈っていました」
「イスラム教徒は『唯一の神』を何と呼んでいますか？」
S：「アラー」
T：「アラーという名の神がいるのではないのですね。ちなみにアラビア語圏に住むキリスト教徒は，神のことを何と呼んでいるのでしょうか？」
S：「ゴッド」
T：「正解はアラーです。ゴッドは英語圏で神を指す言葉ですね」

2 使える知識としての内面化：課題づくりのヒント

ヒンディー教のバラナシも取り上げたい。地名は丸暗記させるのではなくエピソードを添えて教えたい。　　　　　　　　　　（森口　洋一）

第3章　主体的・対話的で深い学びを実現する！アクティブな歴史授業モデル　73

CHAPTER 6

✂ 興味・関心

戦乱の時代を支えた職人たち
～「職人歌合絵巻」を活用して考える～

中世は戦乱の時代であるとともに，戦乱を背景に縦横無尽に商人や職人が従来の枠を飛び出して活躍した時代でもある。「職人歌合絵巻」を活用して中世の商工業の様子をイメージし，そこから社会の変化を読み解く。

1 学びの過程：授業展開プラン

（1） 躍動し広がる職人たち～「職人歌合絵巻」の読み解き～

　（教科書によく掲載されている「長篠合戦図屏風」を例示しながら）戦争をおこなうためには何が必要かを考えてみよう。

生徒からは兵や兵糧，武器……などの意見が挙がる。

★考えよう　例えば武器であれば，大量に武器をつくることが，どのように可能であったのか？

生徒からは，多くの職人がいることや大量に運べる船が多くあったことなどの意見が挙がる。

そこで，中世の職人たちが貴族に倣って歌合をしているという設定で描かれた歌合絵である「職人歌合絵巻」の中から選んだ，いくつかの職人の絵を提示する。

グループ 討議　どのような職人が描かれているだろうか？

3～4名のグループに編成し，数枚の絵の中に何が起こっているかを，個人ができるだけ多く書き出す作業をしてグループで共有する。その後，職業の名前が記されたカードと絵をグループで組み合わせていく作業をおこなう。

これらの絵には，番匠や鍛冶，経師，陰陽師など，様々な職人が描かれている。この中で，陰陽師に着目させ，陰陽師は元々朝廷に属す官僚であったが，一般の職人として描かれていることに触れる。元々職人集団は朝廷や大寺社に所属していたが，室町時代後期になると朝廷の力が落ちて職人集団が自立し，京都や地方の大名の城下町などで活動していくことを説明する。

（2）越前朝倉氏の商工業戦略

　一乗谷では，漆器や曲物，陶器，刀など様々なものが出土する。これらの中には越前朝倉氏の拠点である一乗谷周辺で生産されたものも多くあり，都から一乗谷に来た職人が生産したものもあると考えられる。商工業の奨励は城下町を繁栄させて領主の権力を示すと同時に，城下町で生産された産品の一部にブランド化をもたらし，領主の権威につながることもあった。
　例えば，一乗谷周辺で盛んに生産されていた漆器は，現在でも伝統工芸品として受け継がれている。

2　使える知識としての内面化：課題づくりのヒント

　室町時代の有力守護や戦国大名が拠点を置いた都市の中心的な城郭，城下町や伝統工芸品などの伝統産業について，グループごとに調べ，ジグソー法やポスターツアーを実施し，それぞれのグループが調べた都市の特徴から，為政者と商工業の在り方を考察することも可能である。

（宮﨑　亮太）

【参考文献】
・国立歴史民俗博物館編『国立歴史民俗博物館研究報告』第66集，1996
・福井県立一乗谷朝倉氏遺跡資料館編『技　出土遺物に見る中世手工芸の世界』，2007
・国立歴史民俗博物館編『時代を作った技　中世の生産革命』，2013
・国立歴史民俗学博物館HP「職人歌合絵巻」

活用力

キリシタンの盛衰から見る
織田信長の政策～地域史～

　宣教師の来日により，キリスト教が伝来。織田・豊臣・徳川と政権交代のたびに盛衰していった。学校がある地域のキリシタンと織田信長の政策にスポットをあて，歴史を身近なものに感じさせる。

1　学びの過程：授業展開プラン

（1）村を栄えさせるためには何が必要か？

> ★考えよう　約500年前（16世紀半ば）の北河内にタイムスリップ！　あなたは村人です。村を栄えさせるためには何が必要だろうか？

S：「お金」「商業」
T：「都会には多くて，田舎には少ないものですね」
S：「人」「もの」「お店」
T：「すべて正解です」

　織田信長が楽市・楽座や関所の廃止をおこなったことで，「人」「もの」が活性化したことを確認する。また，南蛮貿易による鉄砲やキリスト教の伝来にもふれる。

（2）なぜ河内キリシタンが多いのか？

　当時の北河内は何によって栄えた地域か考えていく。
　イラスト化した当時の地図を配付し，北河内がどこか確認させる。

> グループ 討議　南蛮貿易により堺や京都は栄えました。宣教師からのミッションです。宣教師は堺から京都に布教の許可を求めにいかなけれ

ばいけません。どの道を通れば安心していけるだろうか?」

S:「海沿いを通れば行きやすい」
　「川沿いも,通りやすそう」
T:「道にも注目してみよう」
S:「海沿いに道があるよ」
　「内陸には川沿いに道があるよ」
T:「では,宣教師にとって困るものは何でしょう」
S:「仏教」
　「海沿いの道には石山本願寺や四天王寺という寺がある」
　「寺は仏教勢力だから宣教師は通りにくいだろう」
　「寺を避けて川沿いを行こうとすると,内陸の道があるよ」
T:「内陸の道は東高野街道と言います。東高野街道の周辺から発見されたものがあります(次頁)。これには何が書かれているのだろう」
S:「十字架がある」
　「十字架の下はHかな,どういう意味だろう」
　「礼幡と書いてあるけど,何て読むのだろう」
　「八月七日と書いてあるよ」
　「誰かのお墓みたい」
T:「なぜ十字架が書かれているのだろう」
S:「この地域はキリスト教を信仰する人が多かったのかな」

第3章　主体的・対話的で深い学びを実現する!アクティブな歴史授業モデル

「宣教師が東高野街道を通っていたからだ」

T:「そうですね。天正九年八月七日とあります。天正九年は1581年です。これは日本最古のキリシタン墓碑です。下のHはIHS（イエス）を表し、イエズス会のマークになっています。田原城の城主田原レイマンの名前も入っていますね。当時、

この周辺では約6000人の人々が洗礼を受けたといわれています。この北河内は宣教師の布教の通路にあたっていて、キリスト教によって栄えた地域だったことがわかります」

織田信長はキリスト教を保護し、石山本願寺の焼き討ちなど仏教勢力の弾圧をおこなったことを確認する。

2 使える知識としての内面化：課題づくりのヒント

〈ヒント1〉「千」と十字架

キリシタン墓碑は、北河内だけでなく、九州や京都などでも発見されている。他の地域でも、キリシタンの歴史からこの時代の歴史を垣間見ることができる。

キリシタンの多い地域かを調べるのに参考になる一つが、近くに寺が多いことである。豊臣・徳川時代にキリスト教の教会はつぶされたものが多く、今は残っていないが、代わりにキリシタンを改宗させるために寺が置かれた。そのため、キリシタンの多かった地域には寺が多い。また、寺の名前に「千」の字が入っているところは当時隠れキリシタンの場所だった可能性も

ある。「千」は十字架に似ていることから，十字架の代わりとして墓碑に彫られているものも発見されている。今回使った田原レイマンの墓碑も，千光寺跡から発見された。

〈ヒント2〉 若江城（東大阪市）と石山本願寺

現在の東大阪市にある若江城を拠点として，織田信長は石山本願寺攻めをおこなった。この城を任された武将の一人，池田丹後守教正はキリシタン大名であり，「クルス（十字架）」「ゼウス（大臼）」の字名も残っている。

〈ヒント3〉 高槻城の高山右近

高山右近は熱心に布教し，領民25000人のうち18000人がキリシタンだったといわれている。織田・豊臣時代はキリシタン大名として栄えたが，徳川時代に禁教令によってマニラに追放され，キリシタンは衰退していった。

〈ヒント4〉 関東地方にもキリシタン

高槻城のキリシタン墓地と酷似した墓地が，東京駅八重洲北口遺跡から出土している。『フロイス日本史』にも，関東地方から来た4人に洗礼を授けたことが記されている。

（家原　幸代）

【参考文献】
・四条畷市立歴史民俗資料館「隠された墓碑―田原城主田原レイマンと畿内のキリシタン―」，2007
・河原和之『100万人が受けたい「中学歴史」ウソ・ホント？授業』明治図書，2012

CHAPTER 8 興味・関心

織田信長と金平糖

中世

　金平糖を切り口にして，信長がキリスト教宣教師と盛んに交流し，彼らを保護したねらいを考えさせる。そして，砂糖の流れを追うことで，南蛮文化の背後に広がる大航海時代の世界史的な動向に迫りたい。

1 学びの過程：授業展開プラン

（1）ルイス・フロイスが信長に会う

発問 1569年，宣教師フロイスは京都に建設中の二条城を訪ね，織田信長に会った。信長は，フロイスにどんな質問をしたのだろう？

回答例 「年齢は」「どうして来たのか」「なぜ鼻が高いのか」「キリスト教とは」「どんな人に仕えているのか」「お土産は何」など。

　T：「フロイス自身の記録によると，年齢はいくつか。日本に来てどのくらいになるか。どれだけの期間勉強したか。親族はポルトガルで再びあなたと会いたいと思っているか。日本でデウスの教え（キリスト教）が広まらなかった時にはインドへ帰るかどうか……。フロイスはその後も信長に会うこと17回，信長の風貌や性格などについて貴重な記録を書き残しています」

（2）〈モノ教材〉信長の金平糖

Q クイズ 1569年6月1日付のフロイスの手紙に，次のように記されている。「信長を訪問すべしと言ひ，（中略）予はコンフェイト入りのフラスコ（ガラス瓶）一つ及び蝋燭数本を贈りたり」（村上直次郎訳『耶蘇会士日本

通信』）。ポルトガル語の Confeito とは何か？

S：「コンフェイトって」「金平糖だ！」

　フロイスはその後1577年，日本に向かう予定のバリニャーニに宛てた手紙の中で，日本への贈り物としてふさわしいものを挙げたが，その中にフラスコ入りの金平糖も入っている。金平糖が大名への贈答品として人気を集めており，また，宣教師が民衆への布教の際に利用していたようである。しかも，この砂糖菓子は腐る心配がなく，長い航海に堪えることができた。

　スーパーマーケットで購入した「春日井の金平糖」を持ち込む。100円ショップで買ったガラス瓶に入れてコルク栓をすると南蛮っぽくなる（写真右）。コルクの主要産地はポルトガルである。生徒に食べてもらってもいい。「実は，信長が口にした金平糖は，今のものとはちょっと違っていたらしい」と言って，「復刻・信長の金平糖」（戦国グッズ専門店「戦国魂」で購入，写真左）を見せる。ややイガイガが小さく丸みがあり，色はついていない。芯にはアニス（ハーブ）が使われている。

　宣教師が信長に献上した贈り物は，これ以外に孔雀の尾，ビロードの帽子や洋服，ヨーロッパの鏡や地球儀など，珍しい異国の宝物だった。

（3）　砂糖の世界史

T：「金平糖の原料は砂糖です。砂糖は何から作られるのですか」
S：「サトウキビ」

沖縄産のサトウキビ（15cmくらいに切ったもの。通販で購入できる）を見せて，問いかける。

> **Q クイズ** ポルトガル人は，原料のサトウキビをどこで手に入れたのか？　ア：ポルトガル　イ：ニューギニア　ウ：ブラジル　エ：インド

アは少数。それ以外は意見が分かれる。理由を聞く。

> S:「沖縄の気候から考えて，暑いところ」「ア以外全部暑い」
> T:「サトウキビはニューギニアが原産地であり，古くはインドで加工技術が発達しました」
> S:「ってことは，インドかニューギニア」
> T:「答えは，ウのブラジルです」
> S:「へっ！　どうして？」
> T:「1500年にポルトガルはブラジルを植民地にしました。サトウキビを移植して，大規模なプランテーションで砂糖を作りました。労働力としてアフリカから黒人奴隷が運ばれ，「黒い積荷」と「白い積荷」が大西洋を行き交う三角貿易が発展していきます。そして，16世紀後半には，ポルトガル船がインドのゴア，マラッカ，マカオ，そして日本へと砂糖と砂糖菓子を運んできました」

ミニネタ　金平糖は，作るのに大変な手間と時間を要する。京都にある専門店「緑寿庵清水」のWebページで金平糖づくりの映像が見られる。大きな釜を回転させ，小さな核に精蜜をかけて結晶させて成長させていく。何度も繰り返すと3日目にはイガが出てきて，毎日少しずつ大きくなり，2週間かかってようやく星型の金平糖ができあがる。ポルトガルが最初のサトウキビ栽培をしたのは大西洋のマデイラ島。コロンブスはジェノバの商人の子であり，1473年に砂糖商人としてマデイラ島を訪ねた。砂糖は高価な貴重品であり，1469年にマデイラの市民が書いた手紙には，「コンフェイトはお金持ちしか食べられない」と記されている（荒尾美代「南蛮菓子と砂糖の関係」『砂糖類情報』2005年12月号）。

(4) 信長と南蛮貿易

グループ 討論 なぜ，信長はキリスト教宣教師を保護したのか？

S：「仏教が大嫌いだった」「お父さんが死んだとき焼香台を投げた」「延暦寺も焼いた」
T：「仏教が嫌いだったからキリスト教を保護したってことかな」
S：「いっぱいプレゼントをくれるから」「貿易で儲かるから」
T：「そんなに信長はお金が必要だったのかな」
S：「鉄砲をつくるため」「家来を養わなければならない」
T：「信長は常備軍をつくりました。今までの戦闘員は農業との兼業でした。信長軍は常備軍だったので多くのお金が必要でした。宣教師は南蛮貿易の案内人，担い手であり，貿易の利益は魅力的でした」

2 使える知識としての内面化：課題づくりのヒント

　金平糖の背後には，「砂糖の世界史」が広がっている。15～17世紀の大航海時代には，ヨーロッパとアメリカ，アフリカ，そしてアジアが結びつき，砂糖は文字通り「世界商品」となった。そうした世界史の動向の中で，いちはやく「南蛮文化」に目を向けたのが信長だった。鉄砲については，「三段撃ち」の真偽問題よりも，火縄に木綿を用いたことの画期的な意義を取り上げたい。それまでの竹繊維の火縄に比べ，木綿のそれは雨に強かった。信長はいちはやく知多半島など綿の産地を押さえ，綿花栽培を奨励した。

（鳥塚　義和）

【参考文献】
・フロイス著，松田毅一・川崎桃太編訳『回想の織田信長　フロイス「日本史」より』中公新書，1960
・川北稔『砂糖の世界史』岩波ジュニア新書，1996
・永原慶二『新・木綿以前のこと　苧麻から木綿へ』中公新書，1990
・フロイス野村『フロイス野村のコンペイトウ浪漫紀行』文芸社，2009

CHAPTER 9 方法論

秀吉の朝鮮出兵では，何を土産として持ち帰ったのか？

秀吉の朝鮮出兵で日本にもたらされた，焼き物（陶工）と塩漬けの鼻の2つをもとに，朝鮮出兵の是非について考えさせる。

1 学びの過程：授業展開プラン

（1） 秀吉の朝鮮出兵は，日本にとって必要だったのか？

はじめに，検地・刀狩により，名護屋城の建築や朝鮮出兵への動員が可能となったこと，3つの身分（武士・百姓・町人）ができたこと，そして秀吉の天下統一により，戦国時代が終わることを確認する。しかし，そう簡単に時代は変わるものではなく，戦国時代に暴れまわっていた「雑兵たち」をどうするのかという問題があった。

> T：「この人たちが再び暴れまわるようになると，戦国時代へ逆戻りなんてことにもなりかねない。そこで秀吉は，日本国内の平和実現のため，朝鮮への派遣を考えた」

> グループ 討議　日本国内の平和実現のために朝鮮へ軍を派遣するのは，
> A：なかなかうまいやり方
> B：日本の平和のためには仕方がないこと
> C：そんなことはすべきではない

やっと訪れた日本国内の平和維持のために，戦国時代に暴れまわっていた雑兵たちを朝鮮へと派遣することの是非について話し合わせる。「日本の平和のため」を強調すると，必ず両方の意見が出てくる。

（2） 日本軍が朝鮮から持ち帰ったものは，日本にとってよかったのか？

　朝鮮上陸後，勝ち進み，首都漢城まで占領した日本軍の動きを説明し，このとき日本軍が持ち帰った土産が何だったのかを訊ねる。そのとき，「実は，その土産をここに持ってきている」と言って，実物の「焼き物」を隠して教室に持ち込み，「正解はこれだ」と見せると，生徒の興味を引きやすい。

　その後，朝鮮の人々の怒りにより日本軍は苦戦するようになり，このとき持ち帰らせたものに塩漬けの鼻があったことを説明する。ここでも「玩具の鼻」を隠して教室に持ち込む。

> **グループ討議**　秀吉の朝鮮出兵により日本に持ち込まれた，焼き物と塩漬けの鼻という2つの朝鮮土産をもとに考えると，このときの朝鮮出兵は，　A：やってよかったのか？　B：やるべきではなかったのか？

　焼き物については，「この朝鮮出兵のときでないと日本に伝わらなかったのか？」という質問が出ることもある。それは事実なので，「そんなことはない。でも，たくさんの陶工が日本に連れてこられた結果，日本国内に焼き物が普及していったことも事実だろうね」と切り返すようにしている。

2　使える知識としての内面化：課題づくりのヒント

　1つ目のグループ討議では，「雑兵たちをどうすべきか」として，「A：海外に派遣する　B：武士身分にする　C：百姓身分にする」の中から選ばせてもよい。その場合には「政策論題」となる。しかし，ここでは「価値論題」として話し合わせている。

（田中　龍彦）

【参考文献】
・「耳と鼻をそがれた朝鮮の人々―秀吉の朝鮮侵略」千葉県歴史教育者協議会日本史部会編『たのしくわかる日本史100時間　上』あゆみ出版，1985
・藤木久志『雑兵たちの戦場』朝日選書，2005

CHAPTER **10** 興味・関心

「天下分け目！」の関ヶ原の名物は何？

中世

　関ヶ原は，食文化の十字路であった。その一つが名物の「(さとう)餅」。丸餅と角（切）餅の分かれ目は，関ヶ原にあった。関ヶ原を手がかりに江戸時代の交通・宿場町を考察する。

1　学びの過程：授業展開プラン

〈「中山道木曽街道六十九次関ヶ原宿」（歌川広重筆）を見ながら〉（略）
※旅人（男）が飲食している様子や，提灯に崩された文字が描かれている。

T：「この絵は江戸時代の茶店です。こちら側を向いて座っている男の人は，何を食べているのでしょうか？」
S：「そば」「うどん」「お茶漬け」「だんご」
T：「正解は，茶店に掛けてある提灯に書いてあります。提灯をよく見てください。"名物さとう（　　）"，さて何でしょうか？」
S：「まめ」「もち」
T：「そうです，もち（餅）と書いてあります。この茶店の名物は，さとう（砂糖）もちなんですね。ところで，餅は丸餅と四角の角餅に大きく分かれます。実は，この茶店がある宿場町が，日本の丸餅と角餅の分かれ目になっています」

Q クイズ　この宿場町に関係がある戦いは次のどれか？
　①　桶狭間の戦い　　②　長篠の戦い　　③　関ヶ原の戦い

一斉挙手し，指で示す。正解は③。

T：「この茶店は，五街道の一つである中山道の『関ヶ原宿』にあります。（教科書で五街道を確認）『天下分け目の……』といわれる通り，

現在でも関ヶ原から西日本は丸餅，東日本は角餅の形にほぼ分かれています。関ヶ原は，江戸と京都を結ぶ中山道，北は北国街道，南は伊勢街道の分岐点であり，『餅』文化の十字路なのです。それゆえ，関ヶ原宿は大いに賑わったそうです。
　宿場町にはどんな店や施設があると思いますか？」

　まずは個人思考で。3分後に小集団で情報交換し，その後クラス全体で意見交換する。「旅館などの宿泊施設」「馬で荷物や人を輸送する店」「お土産屋」「食堂」「旅行グッズ店」「寺や神社（旅の安全祈願）」「幕府の役所」。

T：「いい意見やユニークな意見が出ましたね。先の絵に馬や人が描かれているように，宿場町には運送や情報伝達のため，幕府専用の馬と人が一定数配置されました（教科書参照）。教科書には飛脚が2人描かれています。なぜ複数なのでしょうか？」
S：「疲労や体調不良時の交代用」「お互いの監視のため」
T：「そうですね，交代要員です。また，夜間時にどちらかが提灯を持つためです。もし宿場町の人馬が不足すれば，近隣の村から『税』として徴集されました。不足しがちなのが，1年で一番忙しくなる参勤交代のときでした」

＊NHKドラマ『一路』の参勤交代と宿場町シーンを視聴させる。

T：「宿場町には，大名の宿泊施設として富豪の家が『本陣』として無料で借り上げられました。しかし，参勤交代一行が宿場町にお金を落としてくれるので，宿場町への経済効果は大きかったのです」

2 使える知識としての内面化：課題づくりのヒント

　幕府の継飛脚は「到着期日厳守！」などのため，明治の郵便制度のモデルとなった。　　　　　　　　　　　　　　　　　　　　　（乾　　正学）

【参考文献】
・巻島隆『江戸の飛脚　人と馬による情報通信史』教育評論社，2015
・『週刊朝日百科69　日本の歴史　旅信仰から物見遊山へ』朝日新聞社，2003

CHAPTER 11 活用力

徳川吉宗は名君か？
～経済の視点を取り入れた歴史学習～

近世

　徳川吉宗は，「暴れん坊将軍」などの作品に代表されるように，今日においても名君として描かれることが多い。また，教科書の記述においても，肯定的に評価するものが多い。では，本当にそうだったのか。経済の視点を取り入れ，徳川吉宗の政策を多面的に評価する授業を提案する。

1 学びの過程：授業展開プラン

(1) 大奥の○○をリストラ？

　徳川吉宗の肖像画を提示し，次のように問う。

> **発問** 徳川吉宗は，幕府の財政を立て直すために大奥の大リストラを実施しました。リストラされたのはどんな女性？

　正解は，美人な女性である。倹約政策の一環として実施され，大奥を出ても働ける女性をリストラした。子どもの興味を引くネタから，徳川吉宗の政策のポイントをとらえさせる。

(2) 資料から時代背景をとらえる

> **探そう** 徳川吉宗がおこなった政策を教科書から探そう。

　目安箱や公事方御定書，農業の奨励など，徳川吉宗の主な政策を，教科書の記述をもとに整理する。

> **考えよう** 徳川吉宗の時代，人口の推移はどのように変化したか？

　人口増加が止まり，人口が停滞し始める時期だった。また，金の産出量が

減り，景気が悪くなっていった。徳川吉宗はこのような状況を受けて，庶民を大切にした政策（福祉政策）をおこない，倹約に努めたことを確認する。

（3）目安箱に投稿された内容とは……

発問 目安箱には，幕府の政策を批判するものもありました。その内容はどんなものだったでしょうか？

元紀州藩士の浪人（という説が有力）の山下幸内は，次のような内容を投稿した。

〈資料１〉山下幸内の目安箱への投稿内容

> 天下を治める人が，金銀を集めることに精を出し，金銀が将軍のもとに集まったならば，天下の万民は皆困窮してしまう。（中略）贅沢品や無益の物を買うのは，裕福な者であり，困窮者ではない。裕福な者が贅沢品を買うから金銀が社会に出回るのであり，これを禁止すれば，職人や商人はなにをつくっても売れなくなり，金は裕福な者のところに溜まるばかりである。金持ちから金銀を社会に流通させ，経済を活性化させるべきである。

（大石学編著『規制緩和に挑んだ「名君」 徳川宗春の生涯』をもとに，筆者作成）

山下幸内は徳川吉宗の倹約令を批判し，経済を活性化させるべきだと主張した。

（4）徳川宗春との政策比較

徳川吉宗と同時代の尾張藩主であった徳川宗春の肖像画を提示する。

探そう 徳川宗春は，徳川吉宗と正反対の政策をおこない，小都市であった名古屋を発展させました。徳川宗春の政策を資料から読み取ろう。

・芝居見物の自由，芝居小屋の常設を認める

・藩士の門限の廃止　　・遊郭の自由営業
・自身が華美な服装，行列で積極的に商業地を訪れ，積極的に消費する
　徳川宗春は，商業重視，規制緩和の政策で，名古屋を大都市に発展させた。

> 徳川吉宗と徳川宗春，どちらの領地に住みたいですか？

　福祉重視の徳川吉宗の領地がよいか，経済重視の徳川宗春の領地がよいかを考えることで，それぞれの政策を庶民の視点から考えさせる。

（5）　徳川吉宗の政策を評価しよう

> **ダイヤモンドランキング**　徳川吉宗の政策をダイヤモンドランキングで表そう。

　徳川吉宗の政策を順位付けし，その理由を記述させる。その後，グループで交流する。

> **★考えよう**　徳川吉宗の政策を，観点別，立場別に評価しよう。
> 1　観点別評価（5段階評価＋その理由を記述）（経済，福祉，リーダーシップなど）
> 2　立場別評価（5段階評価＋その理由を記述）（武士，庶民，商人など）
> 3　人物の総合評価（5段階評価＋その理由を200字程度で記述）

例　徳川吉宗の観点別評価

観点	採点	理由
①経済	1	経済を活性化できず，財政を立て直せなかったから。
②福祉	5	庶民のことを考えて様々な政策をおこなったから。
③リーダーシップ	4	改革のためのたくさんの政策を実施したから。
④（自由設定）女性の趣味	1	大奥の美人女性を解雇したから。

（筆者作成）

徳川吉宗の政策を，経済，福祉，リーダーシップなど，観点別に評価させる。各観点の得点を通知表と同じように5段階で評価し，その理由を記述させる。次に，武士・庶民・商人など，立場別に徳川吉宗の政策を5段階で評価し，その理由を記述させる。そして，総合評価を5段階で表し，理由を200字程度で記述す

る。先に観点別・立場別に記述しているので，その記述を利用することで負担感なく記述することができる。

現代にも通じる観点から歴史人物を評価することで，歴史を現代の視点でとらえたり，現代の政策の判断に応用したりする力を育成できる。

2 使える知識としての内面化：課題づくりのヒント

授業後に，生徒の点数評価を集計することで，クラスオリジナルの人物通知表ができる。それをクラスごとに比較することで，歴史は覚えるのでなく，解釈していくものだということを実感できる。また，生徒の記述を比較して交流したり，徳川吉宗の政策を討論したりする活動も可能である。

（梶谷　真弘）

【参考文献】
・井沢元彦『逆説の日本史15　近世改革編』小学館，2012
・大石学『規制緩和に挑んだ「名君」　徳川宗春の生涯』小学館，1996
・鬼頭宏『人口から読む日本の歴史』講談社学術文庫，2000

CHAPTER 12 　活用力

公事方御定書が物語る江戸幕府のねらいは？

徳川吉宗が制定した公事方御定書によって，裁判の基準が定められた。ここでは，その判例の読み取りから，当時の社会がどのように変化したかを学習する。

1 学びの過程：授業展開プラン

（1） 現在の法律ではどんな判決が出るのだろう？

「盗まれた物と知りながら，最新パソコンを友だちから安く譲ってもらった」という事例を提示する。

> **Q クイズ** この事件は，今だったらどんな判決が出るだろう？

「3年以下の懲役」「罰金10万円」「この人は罰せられず，盗んだ友人が罰せられる」などの意見が出てくる。ここで，法律により明確な基準が設けられていることを押さえる。

（2） 公事方御定書はどんな法律だろう？

> **グループ作業** 公事方御定書の裁判例を見てみよう。

享保の改革でおこなわれたことを確認した後，公事方御定書に焦点をあてる。

公事方御定書の内容を右のような判例カードにして，小集団で協力して読み取らせることで法律内容を理解する。このときは10個の判例を取り上げた。

御定書カード

主人を殺害

自分の主人を殺害した者は，2日間は公衆の前でさらし，1日はしばって馬に乗せて市中引き回し，竹鋸で傷つけたうえはり付け刺殺する。普通の殺人は牢内で処刑されるのみ。

(3) 幕府の狙いに迫ろう

KJ法 江戸幕府が大事にしていたものは何だろう？ 条文からわかることを書き出してみよう。

「凶悪犯罪は絶対許さない」「厳しく処分する」「未成年やわざとではない場合は，もう一度チャンスをあげる」「何でも死刑にするのではなく，内容によって判決を変えている。裁判のやり方が進歩した？」「同じような犯罪が繰り返されないように工夫している」「落とし物の件から，いろいろな人の権利を大事にしていることがわかる」などの意見を付箋に書き出し，それを小集団ごとでKJ法を用いて分類する。

「刑罰の厳しさ」「身分の差を重視」「道徳を大事にさせる」「幕府への反抗につながる行為には厳しい」など。

(4) 江戸幕府もねらいを明らかにしよう

まとめ 当時の社会で大切にされていたものは何だろう？

「人々を武力でおさえるのではなく，法律やしくみによって支配した」「武士だけでなく，力をもち始めた町人をどう支配するかを重視していた」などの社会の変化に注目できれば，江戸の三大改革を単に暗記するだけではなく，流れや変化を多面的・多角的に見ることが可能になるだろう。

2 使える知識としての内面化：課題づくりのヒント

法教育の要素を取り入れる

法から社会の様子を予測することで，現在の法についての興味もわいてくるので，法を中心にすえて単元を構成したり，歴史の流れを学習させたりしてもよい。公民的分野の学習にもつなげやすい。

(早馬　忠広)

CHAPTER 13

知識・理解

これであなたも黒船博士 ?!
ザ・ペリークイズ！

近世

1853年，日本の浦賀にペリーが来航した。子どもにも人気のペリーであるが，知らない部分も多い。「ウソッ！」「ホント？」と食いつくようなクイズを出題し，その中で学ばせたい知識をしっかりと押さえておきたい。

1 学びの過程：授業展開プラン

　授業の導入にクイズを配付する。個人で考えるものもあるが，グループの代表者が黒板に書くものもある。相談は可とし，5～8分ほどの活動の時間を設ける。クイズは以下のようなものである。

Q グループ クイズ　※紙数の関係で一部略

① ペリーが浦賀に来航！　その理由は？
　　A：日本を征服するため　　B：捕鯨船の寄港地にするため
　　C：ペリーのきまぐれ

② 黒船に日本人はビックリ！　では黒船の素材は何？
　　A：木材　　　B：鉄鋼
　　C：イカ墨パスタ

③ 黒船来航！その時に江戸時代の人
　　がとった行動とは？
　　A：撃ち払って撃退
　　B：芸人をよんでウェルカムパレード
　　C：お寺の鐘を運ぶ

④ 上陸時にペリーたちが演奏したとされる曲は次のうちどれ？
　　A：暴れん坊将軍のテーマ　　　B：アルプス一万尺

C：うさぎとかめ
⑤　黒船は実は太平洋を渡っていない？！　○か×か？
⑥　ペリーが日本に来る前に立ち寄った国はどこ？　＊自由解答＊
⑦　ペリーをもてなした人たち、いったいどんな人？
　　　A：大江戸ウィンドオーケストラ　　B：江戸前寿司の職人たち
　　　C：お相撲さん
⑧　ペリーの異名は「蒸気船海軍の父」であったが、水兵たちからは何と呼ばれていた？
　　　A：白テング　　　B：熊おやじ　　　C：海道一の弓取り
⑨　ペリーの黒船、正式な名前は？
　　　A：サスケハナ号　　B：コノハナサクヤ号
　　　C：ニンジャハットリ号
⑩　ペリーが日本に到着！　最もペリーが驚いたことは？
　　　A：武士のちょんまげ　　B：肉を食べないこと
　　　C：女性のおはぐろ
⑪　そもそもペリーは日本に来たとき、何歳だった？
　　　A：39歳　　　B：49歳　　　C：59歳

A　答え

①　ペリーが来た理由→B：捕鯨船の寄港地にするため
（当時は電気がなく、ランプの油はもっぱら鯨油であった）
②　黒船の素材→A：木材
（黒いのは防腐剤のタールを塗っていたため。蒸気船が黒い煙を出していることから、Bの鉄鋼であると過半数の子どもは答えるため、「え！」「どうして？」といった反応が予想される）
③　江戸の人たちの反応→C：お寺の鐘を運ぶ
（太平の江戸時代において充分な大砲を用意できず、お寺の鐘を海岸線に並べて大砲に見立てたという逸話が残っている）

第3章　主体的・対話的で深い学びを実現する！アクティブな歴史授業モデル

④　ペリー上陸時に演奏されていた曲→B：アルプス一万尺
（ペリーとともに日本にやってきたといわれている。もともとはヤンキードゥードゥル"Yankee Doodle"という曲であり，独立戦争時の愛国歌である。イギリス軍が植民地側である後のアメリカ人をヤンキーと呼び，ドゥードゥルとは「まぬけ」という意味である。ちなみにアルプス一万尺の日本語歌詞は29番まである）

⑤　黒船は太平洋を通っていない→○

⑥　日本に来る前に立ち寄った国→琉球王国
（パナマ運河が通れず，当時の航海技術では太平洋を横断することは困難であった。また，日本の前に琉球王国に立ち寄っていることから，琉球王国は独立国であったという説がある）

⑦　ペリーたちへの江戸幕府からのおもてなし→C：お相撲さん
（力士と力試しをおこなっている様子が描かれている。しかし，ペリー側には日本人は野蛮な民族であるという印象をもたせてしまったようである）

⑧　ペリーの水兵たちからのあだ名→B：熊おやじ
（ペリーはとても声が大きく，豪快な性格であったようである）

⑨　黒船の正式名称→A：サスケハナ号
（忍者の佐助とは無関係。アメリカ原住民の言葉で「広く深い川」という意味。他の3隻はミシシッピ号，サラトガ号，プリマス号）

⑩　ペリーが驚いたこと　→C：女性のおはぐろ
（ペリーの遠征記には「この厭うべき習慣」として記述され，「この習慣は，夫婦間の幸福を導くことがほとんど無いと考えるべきであろう。また，当然，求婚時代の夢中なときに接吻してしまわなければならないことも推測される

だろう」と悪評価である。ちなみに既婚者のおはぐろは虫歯防止に効果があったようである。また，楊枝という木製の歯ブラシが江戸時代にはあり，江戸の町では楊枝屋が多く軒を連ねていた）
⑪　ペリーが日本に来たときの年齢→Ｃ：59歳
（肖像画から子どもは若く予想するが，意外と高齢であった。63歳で死去）

2　使える知識としての内面化：課題づくりのヒント

〈ヒント１〉「知らない」ことを「知る」のが授業

　「中国・四国地方クイズ」「明治維新クイズ」等，子どもが知らない逸話をクイズ形式で出題することが重要である。また，解答の際には，ただ単に答えだけを言うのではなく，パワーポイント等で資料を提示して子どもに読み取らせることで記憶に残る授業となる。

〈ヒント２〉「レクリエーション」ではなく，「深まる授業」へ

　クイズをして「楽しい」授業で終わるのではなく，そこからさらに「なぜ？」と深めることが大切である。クイズはあくまでも知識定着のためのきっかけであり，それを切り口として琉球王国のことや，江戸幕府側の対応，庶民の反応といった知識・理解につなげていきたい。また，「なぜこの後ペリーは日本を植民地化しなかったのか」という問いなどを設定して考えさせるのもおもしろい（答え：1861年にアメリカで南北戦争が始まったから）。

（行壽　浩司）

【参考資料】
・横浜市HP「開国史学問試し～開国史クイズ～」
・在NY日本国総領事館HP「日本遠征関連逸話集」「２．ペリー提督が見た日本女性」
・横浜開港資料館HP

CHAPTER 14 方法論

明治新国家の船出を征韓論から考える

近代

征韓論の是非を問うと，子どもたちは大反対である。しかし明治がスタートした状況をふまえると，征韓論賛成派も出てくる。その賛否両論から，明治政府の船出を考える。

1 学びの過程：授業展開プラン

（1） 士族の反乱と一揆

上野公園にある西郷像と鹿児島の西郷像の写真を見せる。

> T：「上野公園の西郷像と鹿児島の西郷像は何が違う？」
> S：「上野の西郷は着物で犬を連れている。鹿児島の西郷像は軍服」
> T：「西郷はどちらが似合う？」
> S：「西南戦争を起こしたので軍服が似合う」
> T：「なぜ上野公園の西郷像は着物なのか？」
> S：「……」
> T：「東京にある明治政府，そして明治天皇に，西南戦争で銃を向けたからです」

★考えよう　九州を中心に士族の反乱が起こった。なぜ士族は反乱を起こしたのか？　教科書，資料集にある士族の不満の絵などから，士族たちが明治政府への不満を訴える会話文をつくりなさい。

＊刀を差した，ちょんまげ姿の元武士が警官に呼び止められている風刺画を利用（風刺画は略）。

> 警官：「おいおい，そこの元武士。お前は禁止されている刀を持っているではないか。すぐに渡しなさい」

元武士:「おれたちは武士だぞ! 6年前には四民平等だと言って武士にしか認められていなかった名字を平民にも認めたし,腹が立ってしかたがない」
警 官:「新しい時代が始まったのだ。武士がいばる時代は終わったのだ」
元武士:「他にもあるぞ! 戦うことがわれらの仕事だったのに,それも徴兵令で平民も兵隊になった。こんな政府を倒してやりたい!」

＊1873年～1879年に起こった士族の反乱と,徴兵令・地租改正反対一揆が記載された地図を必ず提示する(ない場合は並記する)。士族の反乱と同時期に,民衆の一揆も国内で起こっていたことに気づく。さらにインド,インドシア等のアジアがヨーロッパの植民地になっている地図を示す。そして,「岩倉使節団がアジアで見たもの」を提示する。

岩倉使節団はセイロン,シンガポールを経て,ベトナムに寄港した。そこで見たのは,フランスの力による植民地の拡大であった。フランス人は自らを文明人と称し,現地の人を犬豚同然にあつかい,気にくわないことがあれば,平気でつえをふるって足げりにしていた。

(2) 子どもたちが選択する明治新国家の船出

国内での士族の反乱と一揆,そしてアジアが植民地になっていた状況を理解した後,次の発問をする。

発問 日本国内では一大事が起こっていた。その一大事とは,「士族の反乱」と「民衆の一揆」であった。これが結びついたら一体どうなるのか? しかも,アジアでのヨーロッパ諸国の動きも気になる。明治新政府は心配でしかたがない。何とかまず国内の反乱をおさめて,新しい船出をしなければならない。さあ!あなたならA～Cのどの道を選ぶか?

A (征韓論で西郷隆盛・板垣退助)

　日本もアジアの国であるが，ベトナムのようにならないためにはヨーロッパの国のように強い国になることだ。日本も他の国を攻めて植民地にするのがいい。その国はまず台湾と朝鮮だ。兵隊は新明治政府に不満をもっている士族をつかえばいい。その結果，士族に仕事も与えられる。しかも民衆の目も外に向くから一揆もおさまる。

B (大久保利通らの内治派)

　強国になって，他の国を攻めて植民地にするのは大賛成。しかし，今はまだ早い。今は強国になるための準備期間だから，もう少し後にしよう。士族と民衆はかわいそうだが，徴兵令で集めた兵隊でおさえこもう。

C (中江兆民)

　日本人はアジアの中の民である。よって，ヨーロッパの国のようにアジアの国を攻めて植民地にするべきではない。日本はヨーロッパのような強い国にならなくてもよい。他の国を攻めなくても独立は保たれるはずだ。小さな独立国でもいいじゃないか。

（3）　意見から討論へ

　A約20%，B約40%，C約40%の支持。

〈Aの支持意見〉

　「強い国にならなければ，いつかはベトナムのように植民地にされるかもしれない。それだったらヨーロッパのように他国を植民地にしたほうが，植民地にされる心配がなくなるのでAがいいと思う。また，政府に不満をもつ士族に仕事を与えることもできる」

〈Bの支持意見〉

　「確かに人の命を捨て続けるのはいけないことだと考えます。しかし，この時代の日本では弱い国のままであったら必ず他国にやられてしまいます。弱い国のままいようとして，のんきにしているヒマはありませんが，強い国になるための準備時間は必要だから，私はB案がよいと思いました」

〈Cの支持意見〉

「もし他の国を植民地にするなら，ヨーロッパの国にケンカを申し込むことになる。すると戦争が起こり，多分力の強さ的にヨーロッパが勝つ。そして日本は植民地を失い，しかも日本までが植民地にされるかもしれない」

グループ 討議 支持したABCに分かれてグループを作り，他のグループを批判しよう。

〈A支持，そしてBCへの批判意見〉

「もしCなど戦争をしない案を選んだとしても，いずれは攻められベトナムのようになってしまう。Bだと，士族や民衆の反乱だけではなく，いずれは徴兵の兵士たちも生活が苦しくなり反乱を起こしてしまうから，Aのようにできるだけ早くおこなって，2つの問題を一気に片付けるべきだ」

〈B支持，そしてACへの批判意見〉

「一番平和だと思うのはCだと思うけど，Cを実行してしまったら，ヨーロッパに植民地にされてしまう。しかしすぐに強い国になるというのは不可能だ。そして，この当時の日本では力不足だと考える。A案もC案も，どちらの意見もまとめられているのはB案だと思う」

〈C支持，そしてABへの批判意見〉

「AやBは結果的にアジアを植民地にしようとしている。戦争を起こして恨まれて戦争を繰り返すのは嫌だし，後になって仲が悪くなると同盟とかが結べなくなってしまう。AとBは人を傷つけるが，Cだと人を傷つけない」

2 使える知識としての内面化：課題づくりのヒント

日清戦争，日露戦争の学習を終えた後，ABCそれぞれの選択が正しかったのか，間違っていたのかを考えさせるとよい。 （河原　紀彦）

【参考文献】

・NHK歴史誕生取材班編『歴史誕生7』角川書店，1989

活用力

帝国主義下での日本の行方は？

　明治新政府がスタートした時期は，欧州列強の帝国主義化の時代であった。日本も欧州の植民地にされるか，されないかといった危機感をもっていた。植民地化を免れるためには日本はどのような進路を取るべきかを，4つの選択から考えさせる。

1　学びの過程：授業展開プラン

（1）帝国主義がアジアに迫る

帝国主義下のアフリカの地図を見せる。

T：「アフリカはどこの国の植民地になっていますか」
S：「イギリス，フランス，……」

スエズ運河の開通と運河を航行する蒸気船が描かれた絵（略）を提示する。

T：「この絵にはアジアが植民地になる要因が2つ描かれています。探しなさい」
S：「川？　船？」
T：「スエズ運河の開通と蒸気船です。喜望峰を回ってしかアジアに行けなかった欧州が，アジアまで手を伸ばすことができるようになった」

（2）帝国主義下で日本の進路を決める

★**考えよう**　欧米にならい憲法も制定され，国会も開設された。これで日本も欧米に近づいた。さあ！　これからは日本の進路を考えなければならない。あなたならA～Dのどの方向へと進むか？　帝国主義の時代であることをふまえて考えよう。

A：アジアの中の一員として平和に協力する
B：欧米のようになるが，軍事力をもたない
C：アジアの国を攻めて植民地にする
D：欧米のように軍事力を強めていく

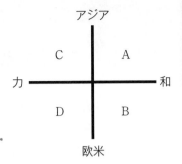

(3) 子どもが選んだ日本の進路

Dの進路が一番多く，Cが少数である。

〈Cの意見〉

欧米のようになるだけで軍事力をもたなければ，他の国より劣っていると思うし，もし戦ったとしたら，負けてしまうと思う。国と国との関係でそんな平和に事が運ぶとは思わない。アジアの国々を植民地にするのは心苦しいが，日本の発展のためには仕方がないことだと思う。植民地にすることで経済力も高まる。

〈Dの意見〉

アジア諸国では当時植民地化が進んでいた。その中で何もせずに暮らすとうことは，欧米に植民地にしてくださいと言っているようなものだ。植民地にされている国は大抵軍事力，経済力のない国ばかりなので，日本が植民地にならないようにするためには，まずは軍事力，経済力がある強い国にならなければいけない。私はDを選んだが，軍事力を強めて外の国を植民地にしようということではない。

2 使える知識としての内面化：課題づくりのヒント

A～Dのそれぞれの意見を1～2個取り出して，再び日本の進路が適切であるかどうかを考えさせる。その後，A～Dを選択したグループに分け，帝国主義下の中でグループが選択した進路が最適かを考えさせる。その結果，討論へと発展させることが容易になる。

（河原　紀彦）

CHAPTER 16 活用力

なぜ大戦は繰り返される？

　第一次世界大戦後、ベルサイユ体制や国際連盟の設立など新たな国際体制が確立され、日本も中心的な役割を担うこととなるが、大戦はまた繰り返される。第一次世界大戦後の戦後処理の中で、なぜ世界大戦が繰り返されなければならなかったのかを考察し、現代のつながりとともに考える。

1　学びの過程：授業展開プラン

（1）戦後処理の内容を評価

　戦後処理の内容（ベルサイユ条約・国際連盟・ワシントン会議）を確認しておく。

> **グループ 討議**　ベルサイユ条約・国際連盟・ワシントン会議について5段階で評価し、その理由を考えよう。

＊あらかじめ班分けをしておき、それぞれの班で考える内容を1つに絞って考えさせる。
　1～3班＝ベルサイユ条約
　4～6班＝国際連盟
　7～9班＝ワシントン会議
　プレートの要旨をまとめ、黒板に貼り、意見交換をおこなう。

ベルサイユ条約についての評価（評価：2・3・3）

> S：「ベルサイユ条約はドイツにだけ厳しい気がする」
> 　　「賠償金が多すぎて払いきれるのかな」

　ここで教師から、ドイツ国内の子どもたちがお札で遊んでいる写真（略）を見せる。

> T:「子どもたちは何で遊んでいるのかな?」
> S:「積み木?」「ブロック?」「お札じゃない!?」
> T:「ドイツは賠償金支払いのために紙幣を刷りすぎて,紙幣が紙切れ同然になってしまった」
> S:「すべての植民地と本国の一部も失くしたから,かなり厳しい」
> 「こうなると敵意だけが残る」

国際連盟についての評価(評価:3・4・4)

> S:「国際連盟は平和を守る機関だし,評価できる」
> 「労働基準づくりなども行われていた」
> 「日本人も活躍したみたい」
> T:「新渡戸稲造が事務次長として活躍した。お札になったこともある人だね」
> S:「でも,アメリカやソ連が不参加なのが気になる……」
> 「ドイツも参加できなかった」「一部の国だけって感じかな」

ワシントン会議についての評価(評価:4・3・4)

> S:「ワシントン会議は軍縮しようとしているから,平和に向けてはよい動きかも」
> 「イギリスやアメリカに比べると,日本の主力艦保有率は低く抑えられているみたい」
> 「日本を警戒しているようにも感じる」
> 「でも中国の主権が尊重されている」
> 「アジアはヨーロッパに侵略されてきたから,これだけでも大きい」
> 「でも日英同盟がなくなった」

(2) 3つのつながりを考える

★ 考えよう
3つの戦後処理の政策について,内容のつながりを考えよう。

```
S:「世界が平和へ向かっている」
　「でも，アメリカやヨーロッパ中心に物事が決められている」
　「どの国も自分のことしか考えていない気がする」
　「もう一度大戦が起こってもおかしくはないかも」
　「日本はどう思っていたのかな」
T:「現代の世界情勢も同じことが言えないかな」
S:「最近日本でサミットが開かれた」「伊勢志摩サミットだ」
```

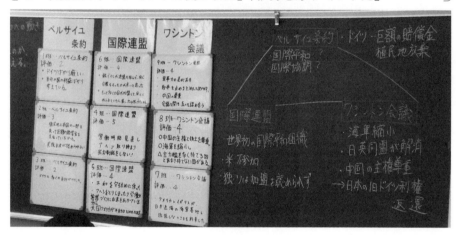

(3) 現代とのつながりを考える

Q クイズ　G7伊勢志摩サミットの参加国はどこか？

```
S:「アメリカ！　広島にも来ていた」「イギリス」「もちろん日本も」
　「ドイツ」「フランス」「イタリア」「あれ？　あと1つはどこだっけ」
　「ロシア？」「中国？」「韓国？」
```

　カナダが出てこないようなので，各首脳とともに国旗が写っている写真を見せる。

```
S:「カナダだ」「ロシアや中国はなぜ参加していないの？」
```

T:「現代も当時と同じように各国の足並みはそろっていない。そして100年経った今でも世界のリーダー的な存在は変わっていない」
S:「そういえばニュースでイギリスがEUを脱退したって」
「国際連盟でも主要な国が参加していなかった」
「EUは元々，ヨーロッパの国々が争うことがないようにできた機関だと1年生の地理で習った」
「そこからイギリスが脱退したということは……」

＊ベルサイユ条約の評価が低くなる傾向があった。東ヨーロッパでの民族独立については，意見として出なかったので，補足説明をした。また，この戦後処理の内容だけが次の大戦につながった要因ではないことを確認した。

2 使える知識としての内面化：課題づくりのヒント

現代の情勢との関連を理解し，戦争と平和について考える

　普段からニュースや新聞等を見るように指導し，歴史学習としての授業だけではなく，現代の世界情勢と照らし合わせながら理解を深めていく。また，今回の3つの視点だけでなく，パリ不戦条約やロンドン会議などを評価することも可能である。平和に向かう世界が「なぜ再び戦争をおこしてしまったのか？」を考えることから，今後の授業展開はもちろん，現在の戦争と平和を考える視点を養うことができる。

（岸本　賢治）

CHAPTER 17

✂ ユニバーサルデザイン

大臣！我が国は○○です！
～歴史学習としての貿易ゲーム～

近代

1929年10月24日，ニューヨーク株式市場の株価が突如大暴落した。世界恐慌の始まりである。これによって世界の国々は国際協調から自国優先の政策をとるようになり，第二次世界大戦へとつながっていくことになる。各国がおこなった政策の暗記に終止しがちな単元であるが，貿易ゲームを土台に「なぜ世界は国際協調から自国優先の政策へ転換していったのか」を考えさせたい。

1 学びの過程：授業展開プラン

班対抗ゲーム

皆さんのグループは1つの国であり，皆さんは大臣です。世界恐慌が起こり，世界中が混乱しています。部下からの報告を聞き，大臣同士で協力し合いながら，この不況を乗り切ってください。

各国は財政−100億からスタートし，商品を作って世界銀行（教師）に持ってくることで財政を立て直していく（世界恐慌の影響を受けていない国は借金なしからスタート）。取引する商品は，例えば次のようなものである。

- 1辺が3cmの正三角形　→1つ3億円
- 1辺が3cm×1辺が6cmの長方形　→1つ5億円
- 直径が20cmの円　→1つ10億円

まず最初に，各班にそれぞれ封筒を配付し，その後アクションカードを引かせる。その後，5分〜10分ごとに臨時ニュースが入り，レートが変わったり，活発に活動できていない班にハサミ（技術支援）や紙（油田発掘）など

を渡したりしてゲームを進めていく。約30分間，このようにして各国は他国と交渉しながら経済活動を行い，自国の経済を立て直していく。

〈封筒の中身〉

A国	B国	C国	D国
・紙3枚 ・えんぴつ3本 ・定規2本 ・コンパス2つ ・ハサミ3本	・紙1枚 ・えんぴつ3本 ・定規1本 ・ハサミ1本	・紙1枚 ・えんぴつ1本 ・定規1本 ・ハサミ1本	・紙10枚 ・えんぴつ1本

〈アクションカード〉

大臣！ 我が国は植民地があります！ これを最大限生かしましょう！ （色鉛筆×1GET）（紙×3GET）	大臣！ 仕事がないなら仕事をつくればいいんです！ 土地はたくさん余っていますよ！（紙×10GET）
大臣！ 我が国は植民地がありません！ 他国と貿易をして乗り切りましょう！（紙×1GET）	大臣！ 我が国は世界恐慌の影響を受けていません！ 商品はすべて1億円で買い取ってもらえますよ！

〈アクション〉

ラスト３分になりました。今後は，色鉛筆できれいに塗られている商品のみを取引していきます。また，最終的に財政がマイナスのままゲームが終わると，銀行が倒産し，失業者たちによるデモが発生するため注意してください。

　色鉛筆を持っている＝植民地を持っているということであり，ゲームの最後３分間は色鉛筆で塗られた商品のみが取引される。色鉛筆を持っていない国は何とかして色鉛筆を借りようとするが（あるいは持っている国から買おうとするが），多くの場合，取引には応じてもらえずにゲームが終了する。マイナスが残った国は銀行倒産＆デモにより－20億が追加される。

 ゲームをしていて，気がついたことはないだろうか？

〈生徒の反応〉

・色鉛筆がないからムカついた　・色鉛筆を持っている国が有利で不平等
・コンパスがある国があるのに，うちの班は鉛筆と紙だけだった
・世界恐慌の影響を受けていないから，周りに振り回されなかった

★考えよう

・色鉛筆とは何を表しているか。
　→「特別な国の証」「資源」「植民地」等。
　（このゲームでは植民地を表している）
・色鉛筆がなければ経済が成り立たないとすると，みんなならどうするか。
　→「奪う」「色鉛筆を持っている国から買う」「色鉛筆を作る」等。
・なぜ，色鉛筆を持っていた国は，他の国に色鉛筆を渡さなかったのか。
　→「自国も借金があるから」「制限時間が少なく，余裕がなかったから」
　　「他国の活動がストップし，チャンスだから」等。
　このような発問をすることで，
「国際協調をしていた各国は次第に自国優先になっていった」

「ブロック経済をしている国があるせいで，他の国は経済的に立ち直ることができなかった」
「植民地を持っていない国は，植民地を奪うようになっていった」
といったような知識へとつなげていきたい。

2 使える知識としての内面化：課題づくりのヒント

子どもの学びの筋を大切にする

　世界恐慌の結果，世界は再び戦争への道へと進んでいく。これについて生徒に問いかけても「どんな理由があれ，戦争はいけないと思う」「話し合いで解決するべきだったと思う」という客観的な（お利口さんな）反応だけで，深まりがない。しかし実際にゲームをしてみると，自国優先で生産活動をする国，生産活動ができずにやきもきする国等，生徒はいろいろな立場から考えることができる。「自国優先に経済活動を行った結果，戦争を引き起こしてしまったのではないか」と，自らの生産活動の過程を振り返ることで，この時代の歴史をとらえ直すことができるのではないか。ある国のとった行動が，他国に影響を及ぼすということを，活動を通して実際に目の当たりにする。それは一方的な知識の暗記ではなく，活動を通して子どもが学んでいくということであり，すべての子どもが主体的に学ぶことが可能である。

（行壽　浩司）

【参考文献】
・開発教育協議会，神奈川県国際交流協会『新・貿易ゲーム　経済のグローバル化を考える』，2009

CHAPTER 18 方法論

満蒙は日本の生命線か？

日本は，世界恐慌という深刻な事態を打開するため，満州に注目した。満州事変が勃発する直前の1920年代は，この地をめぐって当時の政治家やジャーナリストたちが活発に持論を展開した。特にいずれも内閣総理大臣を経験した，田中義一（大陸進出積極論），幣原喜重郎（大陸進出消極論），石橋湛山（植民地放棄論）の主張をそれぞれ紹介し，誰の主張を支持するのかという価値判断を求める。

1 学びの過程：授業展開プラン

(1) 誰の主張を支持するのか？（1時間目）

3人の主張を紹介する。

田中義一（大陸進出積極論）

満州のために，今まで私たちは20億円という国家財産を費やし，23万人の鮮血を流してきたことを忘れてはいけない。日本国内の資源はすでに限りがあり，今後どのように生産力の増産を図っても，工業のほか発展する余地はない。しかし，南満州には（中略），現在の開発程度においても，私たちの期待にみあうだけの数字が示されている。将来すすんでこれを開拓すれば，この上もない利益をあげることは明らかである。（中略）この貧国日本を富国日本に発展させる唯一の方法は，中国の資源を利用することにある。

幣原喜重郎（大陸進出消極論）

私たちの主張するところは，共存共栄の考え方にあります。いまや世界の民衆の心は，一般にこの方向に向かっているきざしが見えます。（中略）みなさんは満蒙における権益とよくおっしゃるし，ある人などは日本の特殊地位などと言われていますが，そんなものは何もない。東三省（奉天省，吉林

省，黒龍江省）は，あくまでも中国の主権に属する中国の領地であり，日本の権益とは満鉄とそれに属するものに限られている。これは条約で正当に認められている。

石橋湛山（植民地放棄論）

朝鮮，台湾，満州をすてる。中国から手を引く，樺太も，シベリアもいらない。（植民地をすべて放棄せよ）ただ平和主義にもとづいて，国民の全力を学問技術の研究と産業の進歩とに注ぐことが大切である。兵舎の代わりに学校を建て，軍艦の代わりに工場をつくる。大日本主義をすてることは（中略）大きな利益を私たちに与えてくれると断言する。

> **発問** 3人の主張のうち，誰の主張を支持するのか，その理由も含めて自分の考えをまとめよう。（一次解釈）

ワークシートに，自分の考えをまとめる。

> **グループ討議** 誰の主張を支持するのか，小集団で発表し，友だちの意見に共感したり，疑問に思ったりしたことを伝え合おう。

グループ討議がスムーズに進まないような学習集団であった場合，「なるほどなぁと思うこと」や「反論してみたいこと」などを付箋紙に記入させて友だちのワークシートに貼りつけるなど，手立てを工夫することも考えたい。

> **全体討議** 「疑問に思ったこと」や「反論してみたいこと」を取り上げて，学級全体で話し合おう。

S：「田中義一の主張のように，大陸へ進出するということは，他国から見れば身勝手に映るのではないか」
「帝国主義を進めたのは欧米列強で，身勝手との非難はむしろイギリスなどが受けるべきだ」
「日本も大陸に進出しようとしているのだから，イギリスだけを批判し，自分たちのことを棚に上げるのはおかしいのではないか」

あらためて，3人の主張のうち誰の主張を支持するのか，自分の考えをまとめよう。（二次解釈）

（2）満州事変後の国内外の動き（2時間目）

　前時にまとめた考えを発表する。その後，当時の国民の多くが満州事変を支持した様子について，資料から読み取る。

なぜ国民の多くが満州事変を支持したのか？

> S：「それだけ生活が苦しかった」
> 「政治に期待するのではなく，軍部に期待するようになった」

満州事変後，国内外ではどのような動きがあったのか？

> T：「満州事変の後，中国東北部にできた国は？」
> S：「満州国」
> T：「満州国はどのような国だったの？」
> S：「日本の傀儡(かいらい)国家，つまり日本があやつった国」
> T：「満州事変について調査した国際連盟の組織は？」
> S：「リットン調査団」
> T：「リットン調査団は，満州事変を日本の自衛措置と認めたの？」
> S：「認めない」
> T：「その後，日本はどうするの？」
> S：「国際連盟脱退」

T:「日本国内ではどのようなテロリズムが起きたの？」
S:「五・一五事件と二・二六事件」
T:「テロリズムによって発言力を強めたのはどこ？」
S:「軍部」

まとめ 学習を振り返り，感想をまとめよう。

回答例 政治の決断は，本当によく考えて決めるので，とても難しいと思いました。日本は最終的に田中義一さんの意見が通りました。「戦争は避けたい」と考える人より，圧倒的に「満州を侵略してしまえ！」と願う人が多かったということは，それだけ人々のくらしがきびしいものだったからだと思います。私は戦争には賛成できません。でも，日本が恐慌から立ち直るのは，満州事変がいちばん適切な考えだったのかもしれません。侵略後の日本，中国，世界の様子が知りたいです。

2 使える知識としての内面化：課題づくりのヒント

〈ヒント１〉国民が支持した満州事変

　国民の多くが満州事変を支持した様子については，当時の新聞の街頭インタビュー記事などを活用するとよい。

〈ヒント２〉ワークシートの活用

　満州事変後における国内外での動きについては，穴埋めなどを記載したワークシートを準備することも考えたい。

〈ヒント３〉オープンな歴史の解釈

　最後の感想は，満州事変について，それぞれの解釈した上でまとめたものである。資料や学び合いを通して，生徒たちには自由に解釈させたい。

(山本　悦生)

【参考文献】
・安井俊夫編『１単元の授業21　子どもとつくる近現代史　第１集』日本書籍，1998

方法論

満州事変後の日本政府と軍部の力関係は？

満州事変後に国際的に孤立した日本政府の5.15事件に対する対応，さらに2.26事件後の広田内閣としての軍事予算について考えさせる。

1 学びの過程：授業展開プラン

（1） 政府は，5.15事件の犯人に対して，どんな処分を下すべきなのか？

　教科書の内容から，5.15事件の概要について確認する。
　その後，5.15事件を起こした犯人の考えがわかる資料の読み取りをおこなわせたうえで，政府として犯人の処分について考えさせる。

> **グループ 討議** 事件を起こした犯人の考えから判断すると，政府としては，5.15事件を引き起こした軍部への処分は，
> A：重くすべきなのか？　B：軽く済ませておくべきなのか？

　重くしないと再び同様の事件が起こる可能性がある。しかし重くすると，軍部からの反発を強めてしまう可能性も出てくる。ここでは，政府が「どうしたのか」ではなく，この状況で「どうすべきなのか」をグループで話し合わせる。そのため知識がなくても，感覚的にも意見を出すことができる。

（2） 2.26事件後の世の中の変化で注意しておくべきことは何か？

　軍部への処分を「軽く済ませた」結果，さらに大きな2.26事件が起こったこと，及び事件の内容について教科書で確認させる。そのうえで，世の中の変化の中で，特に注意しておくべきことは何かについて考えさせる。

> **グループ 討議** 2.26事件後の世の中の変化で，特に注意しておかなけ

ればならないことは，次のうちのどれなのか？
　A：軍部の政治への発言力が強まったこと
　B：軍国主義に反対する人の取り締まりが厳しくなったこと
　C：軍部のやり方を支持する人が増えてきたこと

　Aは軍部の動き，Bは政府の動き，Cは国民の動きの変化である。いずれにしても軍部の力が強くなっている状況を掴ませることはできる。このままでは再び満州事変のようなことが起きる可能性もある。

（3）広田内閣は，軍事予算を増額すべきか減額すべきか？

　グループ討議を受けて，さらに政府の軍部への対応について討論させる。

> **グループ 討議** 世の中の状況から判断すると，広田内閣は，軍事予算を，A：増額せざるを得ないのか，B：減額しなければならないのか？

　ここでも，政府が「どうした」という結果ではなく，当時の状況から判断して，軍事予算は増額せざるを得ないのか，減額しないと大変なことになるのかを考えさせる。これも知識がなくても考えることができる論題である。
　事実は，いっきに「増額」としたため，「それで大丈夫なのか？」と次へつなげることができる論題でもある。

2 使える知識としての内面化：課題づくりのヒント

　「どうしたのか」という事実を討論させるのではなく，「どうすべきなのか」という政策論題で討論させる。歴史的事実は教科書に書かれているため，事実論題では討論は成り立ちにくい。討論では答えを決める必要はないが，学級での結論は多数決等をもとに出しておく。そうしておくことで，あとで歴史を振り返らせるときに，さらに考えさせる資料として使える。（田中　龍彦）

【参考文献】
・安井俊夫『歴史の授業108時間（下）』地歴社

CHAPTER 20

 興味・関心

戦争と革命に翻弄された プロ野球選手たち

 近代―現代

　日本のプロ野球の各球団には，毎年多くの外国人選手がやってくる。また外国人選手扱いはされてはいないが，外国にルーツを持つ有名な選手もいる。年表を使いながら，彼らと「戦争」「革命」との関係を読み解いていく。

1　学びの過程：授業展開プラン

（1）戦争とプロ野球選手

> T：「今日はプロ野球の話をします。みんなの知っている外国人選手をあげよう」
> S：「呉昇桓（オスンファン）」「陽岱鋼（ようだいかん）」「メッセンジャー」「エルドレッド」「ラミレス」
> T：「ラミレスは監督ですね。毎年新しい外国人選手が来日しては，去っていくね」

（年表を配付する）

1917年　ロシア革命起こる　―①
1941年　太平洋戦争始まる　―②
1945年　3月10日　東京大空襲　―③
　　　　8月6日　広島に原爆投下　―④
1951年　サンフランシスコ平和条約が結ばれる
　　　　同時に日米安保条約が締結される　―⑤
1978年　イラン革命起こる
　→国王は亡命し，イスラム教シーア派の指導者ホメイニ師のもと，イラン＝イスラム共和国が成立する　―⑥
1980年　イラン・イラク戦争勃発（1988年停戦）

発問 下のA〜Fにあげたプロ野球選手は，日本に来た外国人選手と，日本で生まれたため外国人選手扱いされていないが，外国にルーツを持つ選手です。彼らに関係の深い出来事を，年表中①〜⑥から見つけて答えよう。

A：スタルヒン（巨人）…ロシア革命を逃れて，中国東北区のハルビンを経て旭川へ。1934年に巨人軍の前身チームに入団して大活躍する。

B：リベラ（巨人）…フィリピン出身。1939年に巨人がフィリピン遠征をしたときにスカウトされ入団。外野手として活躍するが，一年限りで退団しフィリピンに帰国する。日本の侵略が進む中，独立義勇軍に身を投じるが，日本軍との戦闘で戦死した。

C：ペイン（元西鉄ライオンズ）…福岡の米軍板付基地より入団した。

D：王貞治（元巨人・ソフトバンク監督。現ソフトバンク球団会長）…「世界のホームラン王」。父親が中国出身。大空襲で墨田区にあった家業の中華料理屋が焼失し，命からがら母に背負われ逃げた。

E：張本勲（元東映・巨人，現解説者，テレビ番組での「喝！」でお馴染み）…セパ両リーグで活躍し「安打製造機」と呼ばれた。5歳の時に被爆し，姉は亡くなった。両親は植民地時代の韓国から日本に来た。

F：ダルビッシュ有…イラン出身の父は留学先のアメリカで，ダルビッシュの母となる日本人留学生と知り合う。留学中にイラン革命，イラン・イラク戦争が相次いで起こったため帰国を諦め日本へ。

答え A：①　B：②　C：⑤　D：③　E：④　F：⑥

2　使える知識としての内面化：課題づくりのヒント

子どもたちがスポーツ選手や芸能人へ興味をもつのは，いつの時代も変わらない。芸能ニュースやスポーツ新聞にも目を通そう。　　　　　（森口　洋一）

【参考文献】
・北海道新聞社編著『私の戦後70年』北海道新聞社，2015

CHAPTER 21　興味・関心

祈りの長崎
～写真家がのこしたものとは？～

写真家・山端庸介(やまはたようすけ)氏は，戦時中，従軍カメラマンとして活躍した。山端氏は1945年8月10日，原子爆弾が投下された直後の長崎へと降り立ち，悲惨な被害の状況を撮影した。そして，滞在14時間で爆心地周辺など120枚ほどの写真を撮影した。しかし，山端氏は撮影した写真すべてを軍に提出せず，人物の写った写真の存在は隠したと言われている。なぜ，山端氏はそのような行動をとったのか。彼の想いを考えることで，戦争を過去の出来事とするだけでなく「今を生きる私たちにもつながる問題」として考え，学習を深めていく。

1　学びの過程：授業展開プラン

（1）変わり果てた町

原爆投下直後の長崎の風景写真4枚を見せる。焼け野原や崩れた建物など風景を中心とし，その時の状況が想像できるようにすることで，原子爆弾の威力について考えさせる。

> S：「馬が死んでしまっているから，人も亡くなっているはずだよ」
> 　「人はどこへ行ってしまったの？」

と人間に関する疑問が生じてくる。

> S：「こんな危ない状況の中で，いったい誰が写真を撮りに行ったの？」

と，教室の中が"写真を撮った人物"に対する興味でいっぱいになる。

（2）写真家・山端庸介氏

風景の中に人が一部入っている写真も取り入れていく。彼の8月1日からの行動記録と，彼が歩いた日時・場所がわかる長崎の地図とを照らし合わせ

ながら，彼が撮影した状況をとらえさせる。

S：「嫌だとは思わなかったのか？」「話しかけた？」
「なぜ人を撮るのか？」「山端さんはこの人を助けたのか？」

一人の写真家への関心が強まる。

(3) 1枚の写真から

男の人と男の子が写った写真（下図）を見せる。

グループ 討議 この２人の関係は？（兄弟なの？ 兄弟じゃないの？）

男の子の手，おんぶのされ方，ぎゅっとくっつく様子から兄弟であると考えられる。「こんなにも近くで，正面を向かせて人を撮る意味があるの？」なぜこんなつらそうな人たちを撮影できたのかと山端氏の行動に対して疑問が飛び交う。

(4) 写真家・山端庸介氏がのこしたものとは？

今までに学習してきた写真のうち，5枚を提示する。写真は，風景のみのものと人物を中心に撮影されたものとする。

「実は，この中に山端さんが提出しなかったものがあるよ」と子どもたちに投げかける。これまでの学習で，山端氏の行動は軍の命令であることを理解しているため，それに背いたという山端氏の行動に対して子どもたちの中に衝撃が走る。

発問 山端さんが軍に提出しなかったのはどの写真だろう？

S：「人物の写真は絶対軍に提出する！　これを見せて，軍にもう戦争をやめるように訴える」
「人が受けた被害は軍はいらないかもしれな

撮影者：山端庸介
撮影場所：長崎

い」
　「軍の言ってる被害状況って建物とかのことなんじゃないかな」
　「軍は，一人ひとりの人間のことなんて気にしてないんじゃないかな」
　「私だったら，軍に（人を）どうでもいいと思われたくないから，とっておいて軍に見せない」

　話し合った後，実は山端氏は軍に人が写った写真は提出しなかったと児童に伝える。

> **発問** 山端さんは，軍へは風景写真のみを提出しました。人物写真は提出しなかったのです。山端さんは，どういう考えがあって，人物写真を軍へ提出しなかったのだろう？

撮影当時の山端氏

　S：「軍の人に捨てられるかも」
　　　「自分の手元に置いておきたかったんだ」
　T：「なぜ，手元に置いておきたかったのだろう」
　S：「大切にしたいと思った」
　　　「人の写真を撮っているときに，感じたんだ」
　T：「なぜそう思ったの？　何を感じたの？」

　授業の最後に，当時の山端氏の記録「原爆の長崎」の一部分を紹介し，自分の考えを話し合う。

　S：「時間が経つにつれて，だんだんと戦争の記憶がなくなっていくことを山端さんはわかっていた。今生きている自分たちも昔の戦争の記憶を忘れることがあってはいけないと伝えたかったはずだ」
　　　「写真は，事実をゆがめて伝えることがなく，当時を物語っているものだから。だから，手元にのこしたかったんだろう」
　　　「当時，こんなにもつらい思いをしていた人がいた。そのことを今の人にも，当時の人にも伝えていきたかったんだ」

そして，2014年8月に行われた「長崎原爆犠牲者慰霊平和記念式典」での被爆者代表，城臺美彌子氏の平和への誓いのVTRを観た。城臺さんの誓いは，"戦争をしないで"と強く訴えた語りであり，子どもたちへ語り継ごうとしていると感じることができる。本実践においては，そこで多くの子どもたちが初めて，今でも戦争に向き合って想いを引き継ごうとしている人がいることを知ることになった。

2　使える知識としての内面化：課題づくりのヒント

〈ヒント1〉事実との出会い方

　本実践は，被爆者ではなく，一人の写真家が，被爆の"悲惨さ"をどのようにとらえ，どう発信しようとしたかを考えさせる実践である。つまり，"当事者"ではなく"継承者"を教材化したものである。"ベトナム戦争""冷戦の崩壊""水俣病""ハンセン病"など，戦争だけではなく，さまざまな継承すべき課題を"当事者"もふくめ"継承者"がどう考えたのかという実践が問われている。

〈ヒント2〉人と出会い，事実を知る

　立命館国際平和ミュージアムの見学，子どもたちの地域に住んでおられる戦争体験者の方から当時の様子について聞き取り学習をおこなう。

（柳谷ひとみ）

【参考文献】
・平和博物館を創る会編『写真物語　あの日，広島と長崎で』平和のアトリエ，1994
・北島宗人編『原爆の長崎』第一出版社

CHAPTER 22 チキンラーメンはなぜ大ヒットしたか？

興味・関心

現代

　1958年，世界初の即席めん「チキンラーメン」が安藤百福によって発明された。1964年オリンピックの年には，国内生産量は20億食を超えた。チキンラーメンが大ヒットした理由を考え，高度経済成長期を学習する。

1 学びの過程：授業展開プラン

(1) どうして即席ラーメンを思いついたか？

教室に「チキンラーメン」を持参。

T：「チキンラーメンを発明した人は？」
S：「……」
T：「安藤百福さんです。大阪府池田市の人で日清食品の創業者です。1958年にチキンラーメンを発明しました」

> **発問** 安藤さんは，戦後すぐに，ラーメンを食べる人の行列を見て，家庭で簡単に食べられたらと思った。どんな場所か？

S：「GHQからの配給」「焼け跡での配給」
T：「戦後の食糧難の闇市で，ラーメン屋台に並ぶ人々の姿を見て発明した」

(2) なぜ大ヒットしたのか

> **グループ討議** 1964年には，国内生産量は20億食を超えます。なぜ，こんなに売れたのか？　次のヒントを参考に考えよう。

1957年　中内功がダイエーを創業した
1959年　テレビ放送が始まる
1960年　池田勇人首相による「所得倍増」
　　　　森永製菓「インスタントコーヒー」を販売

> S：「ラーメンを食べた後でコーヒーかな」（笑）「テレビで宣伝した」
> 「これはあるな」「ダイエーでラーメンを販売した」
> 「スーパーで販売すると確かによく売れるな」
> 「所得倍増ってわからない」
> 「国民の所得が増えたから，ラーメンも買えるようになったってことかな」

＊スーパーの集客の目玉は，「卵」と「チキンラーメン」だった。テレビのクイズ番組などのスポンサーにもなった。60年には池田勇人が「所得倍増計画」を打ち出し，国民は生活を楽しむために，時間節約型商品に価値を見いだし，インスタントコーヒーも同年に発売された。また，即席ラーメンは受験勉強や長時間労働の夜食として，高度経済成長を支えた人々の「戦陣食」となった。

2　使える知識としての内面化：課題づくりのヒント

〈ヒント1〉モノから歴史的・社会的背景を考える

　「ラップ」「コンビニ」「宅配便」「100均」などが，伸びてきた要因を分析する。「ラップ」は「冷蔵庫」「レンジ」「女性の社会進出」「個食の増加」「ダイエットブーム」などの要因から売り上げが増加した。

〈ヒント2〉聞きとり教材から「発信」へ

　祖父母に高度経済成長の時代の様相についてインタビューをし，レポート，壁新聞，番組づくり，また，ゲストで招請し聞き取りも可能である。

（河原　和之）

【参考文献】
・日本経済新聞社編『日本経済を変えた戦後67の転機』日経プレミアシリーズ

第4章

主体的・対話的で深い学びを実現する！アクティブな公民授業モデル

方法論

追跡！お肉が私たちのもとに届くまで！

普段，何気なく食べている鶏肉。その鶏肉を育て，加工する人たちは，どのような作業をしているのだろうか。私たち消費者がどのような基準でスーパー等でお肉を選んでいるのかといった生活経験から内容に切り込み，ICTを活用したインタビューを通して考えを広げ，深めていく。最後には，鶏の殺処分についての価値判断を通して，倫理面も含めた学びへと進める。

1 学びの過程：授業展開プラン

（1） 自分や家族がお肉を選ぶとき，どんなことに気をつけている？

先生の1週間の夕食を，電子黒板で提示すると，自然と対話が進む。

> S：「おいしそう！」「お肉とか魚が入ってる！」「ぼくは牛肉が好きだな！」「先生って，鶏肉いっぱい食べるの？」
> 「お母さんがヘルシーだからってうちでも鶏肉が多いよ」（以下略）

グループ討議 鶏肉を買うとき，どんなことに気をつけて選んでいる？

各グループでミニホワイトボードを黒板に出して，子どもたちでチャンク分けをする。

> S：「食べ物だから安全性が一番かな」「安全性からすると国内産のものがいいな」「でも福島のあたりでは放射能が心配だな」「でも野菜の生産の学習のときに，"風評被害"の話もあったよ」
> T：「確かにそんな話もしていたね。さすがですね。また，調べてみるのも面白そうだね。他には気をつけることってある？」
> S：「品質かな。うちのグループでは脂ののりがいいのがいいなって話していた」「うちのグループはもし牛肉だったら赤身のお肉がいい

「なっていう話になっていました」「やっぱりおいしいのが一番」
　　「でも，おいしいのって，値段が高いよね。うちのグループでは，
　　値段に着目して，安いのがいいってまとまりました。」
　　「そういえば，うちのお母さんが，30％引きのシールがついたお肉
　　をいっぱい買ってたよ」（笑）
T：「お肉を選ぶときの基準がいっぱい出てきたね。君たちとしてはお
　　肉を選ぶときにどんな物を選びたい？」
S：「安くて，おいしくて，国産のお肉！」
T：「それって可能なの？」
S：「たぶん難しいかも……でも，お米の学習をしたときに，消費者の
　　ニーズに合わせた品種をつくったり，工夫しているって言ってた」
T：「じゃあ実際に鶏肉の加工をしている人に聞いてみようか？」
S：「えーっ！　テレビ電話で話せるの？　話してみたい！」

（2）　鶏肉を育てたり加工したりしている人たちは，どのような工夫をしているのか？（ICTを活用した遠隔地授業）

　発問　実際に鶏肉を育て，加工している業者さんはどのような思いで，どんな工夫をして，作業をしているのだろう？

（以下，：解体担当，：輸送担当）

S：「安全なお肉を届けるためにどんな工夫をしているんですか？」
：「検査を何回もしています。食中毒などが一番怖いからね」
S：「冷やして出荷するのも安全のためですか？」
：「そうだね。それに，鮮度も保つことができるからね」
S：「安心して買えそう！　他にもぼくたちがびっくりしそうな工夫は
　　ありますか？」
：「そういえば，君たちが大好きなニワトリのフンから発電とかもし
　　ているよ。エコだよね」（笑）

S:「えーっ！ うそーっ！ 本当に！？」(子どもたち，大興奮)
T:「他に質問や気づきはありますか？」
S:「解体担当の方が目しか出してないのは何か理由があるんですか？」
👷:「何でだと思う？」
S:「髪の毛とか入らないように？」
　「あっ！ つばとか入らないようにですか？」
👷:「さすがだね！ そう，やっぱり衛生には気をつけないと，食品を扱っているからね。やっぱり安全・安心が第一ですね」
S:「真っ白な服を着ているのも何か理由があるんですか？」
👷:「ありますよ。何でだと思う？ ヒントは……黒だと難しいかもね」
S:「鶏の血とか汚れがついたら見つけやすいから？」
👷:「そうだね。とにかく衛生にはものすごく気をつけています。(略)ニワトリが病気とかになったら一気に広がったりするからね」
S:「鳥インフルエンザとか!? 聞いたことあります！」「私も！」
T:「実際に鳥インフルエンザが広がったところでは，国がこんな対応をしたんだよ」

ここで，新聞記事を提示する。

S:「えーっ！ 殺しちゃうの!?」「うそーっ!?」「ニュースでやっていたよ！」
T:「君たちならどうする？ 明日の授業で考えてみようか？」

(3) 国として，鳥インフルエンザが広がった際，殺処分をするべきか？

　テレビ電話をつなげたまま，加工業者の方が見守る中で，子どもたち同士で話し合い，価値判断する場を設ける。

 国として，鳥インフルエンザが広がったら，殺処分するべきか？ しない方がいいか？ そう考える理由は？

「殺処分する」「殺処分しない」に立場を分けてネームプレートを黒板に貼

り，話し合う。

S：「ニワトリが苦しむ前に殺処分してあげた方がいいと思います」
「分かるけれど，殺処分には反対です。自然に死ぬ方がいいかな」
「ワクチンとか作れないのかな？」「加工されるってことは死んじゃうんだよね？　だったら，鳥インフルエンザが広がらないように殺処分した方がいい」「人間にかかるかもしれないし」「え？　本当に人間にもうつるの？　殺処分しちゃうのは人間の都合だし，かわいそう……。ニワトリにも生きる権利があると思います」

👩：「私たちも同じ気持ちです。これって難しい問題だよね。でも，消費者の安全のために，今は殺処分をすることになっています」

T：「ニワトリを育てる人も加工する人も，そして輸送する人も，消費者のニーズに合うように，生産・輸送をしているんだね」

2 使える知識としての内面化：課題づくりのヒント

〈ヒント1〉生活経験と社会的事象を近づける!!

自分たちがお肉を選ぶときの基準（生活経験）を考えることから切り込むと，鶏肉の加工業者の作業や工夫などと結びつけて考えやすくなる。

〈ヒント2〉「本物(リアル)との出会い」で，興味津々!!

子どもたちは実際に当事者と話したり，その姿を見たりすることで，より積極的に社会的事象と関わり，考えようとする。

〈ヒント3〉価値判断する時，人は調べ考えようとする!!

価値判断場面を設けることで，個々の価値観を揺さぶりながら，倫理面も含めて，社会的事象について深く追究することができる。　　（安野　雄一）

CHAPTER 2　方法論
お前が殺人犯だ！と言われたら
～えん罪と日本国憲法～

　日本国憲法を「他人ごと」ではなく「自分ごと」として学ばせたい。そのためには，「人権が侵害された状態」を想像してみることが大切だ。同時に，国家権力の暴走を具体的に知ることが欠かせない。それをふまえてはじめて，「国家権力を制限し，国民の人権を守る憲法」の大切さがわかるはずだ。

1　学びの過程：授業展開プラン

（1）　あっという間に"犯人"に

> **さあどうする？**　今日から約1か月前の日曜日，この地域のマンションの一室で，お母さんと小さな子どもが殺されるという事件があった。警察が必死に捜査を続けるも，まだ犯人は捕まっていない。そこで，みんな一人ひとりが警察官に，次のような質問をされ，アリバイ（＝不在証明）を聞かれることになったとする。さあ，どうする？　あなたは，①　どこで，②　何をしていたか，③　①②を証明する人は誰か，ノートに書いてください。

S：「全く何も思い出せない。だって1か月前だし」
　　「親や友人が証明してくれたらいいのか」
T：「親の証言では，アリバイ成立とはならない。まず"アリバイ成立"というのがとても困難なんだ。では，アリバイが未成立なら，即"犯人"か。そんなバカな！という感じ，あり得ない。しかし，あと2つの要件がそろえば"犯人"にされてしまう。何かな？」
S：「自白」
T：「つまり"私がやった"という証言だね」

S:「証拠」
T:「正確には？」
S:「物証」
T:「証言を裏づける"物的証拠"です。"やっていない"のだから，絶対に"私がやった"と自白することはない，多くの人はそう思う。実は，この事件は実際に約30年前に，東京の綾瀬というところで起きていたので，最近発生した，というはウソです。でも，この事件では中学3年生の3人が『殺人犯だ！』とされたんだ⁽¹⁾」

（2） 憲法違反を探せ！

T:「みんなは，警察で次のような取り調べを受けたらどうだろう？
　◇ "お前がやったんだ"と大声で怒鳴る
　◇ "罪を認めないと大変なことになるぞ" "私がやりました，と言え！"
　◇ 殴る・蹴るなどの暴行を加える
　こういう取り調べが密室で延々と長時間続く……。それでもみんなは"私はやっていない"と言えるだろうか。
　大抵の人は恐怖と朦朧とした意識の中で"私がやりました"と自白してしまう。あとは，でっち上げの『物語』に合わせて物証をそろえ，検察に起訴され裁判，そこで有罪判決が出れば，いわゆる〈えん罪（＝無実の人が罪を着せられる）〉なんだ」

★ 考えよう　先ほどの取り調べの中で，憲法違反がある。何が憲法違反なのだろう？

S：「暴力をふるう」「無理やり言わせる」

「公民」教科書巻末の日本国憲法のページを開くように言う。

👀 グループで探そう　日本国憲法「第三章　国民の権利及び義務」の中にあるよ。具体的には，答えは第31条から第40条の中にある。この部分は，刑事事件で疑われた人の人権を守るための規定です。「人身の自由／身体の自由」とも言います。

S：「逮捕令状はあったかな」（第31・33条違反）
　　「弁護人を依頼する権利は？」（第34条違反）
　　「公務員による拷問及び残虐な刑罰をやってるよね」（第36条）
　　「『何人も，自己に不利益な供述を強要されない。強制，拷問もしくは脅迫による自白又は不当に長く抑留もしくは拘禁された後の自白は，これを証拠とすることができない』（第38条）などにも明白に違反しているね」

T：「このように"えん罪事件"の取り調べでは，憲法違反が行われたケースもあったんだ」

★ 考えよう　今回の話は，えん罪と日本国憲法から，憲法の「そもそも」を考えることをねらいとした。憲法とは何か。そのことを端的に表現している条文がある。それはこういう文章だ。「□□は，この憲法を尊重し擁護する義務を負う」。この□□に入る言葉は何だろう？

S：「国民」「市民」「私達」「政府」
T：「正解は，憲法第99条にある。言葉は自分で確認してみてほしい。憲法とは，〈権力者をしばるもの〉であり，〈政府・国家権力に対する命令書〉なんだ。『……絶対にこれを禁ずる』とは，国家権力

（者）に対して書かれている。憲法とは，私たちを縛るものではなく，国家・権力（者）を縛り，その暴走に歯止めをかけ，国民・市民の人権について記されている宣言書なんだ」

2 使える知識としての内面化：課題づくりのヒント

憲法学習は冒頭で述べたように，「他人(ひと)ごと」ではなく「自分ごと」として学ばせたい。「国会」の法律や予算の成立過程を教える場合も，中学生，高校生と関係する題材が有効だ。「法律」では「誕生」から「18歳」まで，法律によって，どのような権利が保障されているか等の事例である。「遺産相続は？」「結婚は？」「選挙権は？」「犯罪を犯した場合は？」などである。また，予算においても，「学校に行くための1人あたりの費用」「財政投融資と校舎との関係」などの題材である。

（菅間　正道）

【参考文献】
（1）横川和夫，保坂渉編著『ぼくたちやってない　東京・綾瀬母子強盗殺人事件』駒草出版，2012
（2）菅間正道『はじめて学ぶ憲法教室　第1巻　憲法はだれに向けて書かれているの？』新日本出版社，2014

CHAPTER 3 多数決って民主主義？

知識・理解

学校でも身近な多数決！　この決定方法は民主的なのだろうか？　民主主義と立憲主義の関係について学習する。

1 学びの過程：授業展開プラン

(1) 民主主義とは，多数決で物事を決めること？

> **発問**　6月に文化祭の合唱コンクールがあるよね。クラスでもう曲名を決めた？　どういう方法で決めたの？

S：「歌いたい曲を各自が提案し，多数決で決めた」
T：「提案された曲を聴いたりしたの？」
S：「していない」
T：「曲も知らないのに，多数決のとき，手を挙げられるの？」

(2) 多数決で決めてはいけないことは？

> **グループ討議**　文化祭で劇をすることになった。豚の役をA君にしようと多くの人が提案。A君は「絶対に嫌だ」と言っている。しかし，多数決でその役をA君に決めてしまった。多数決で決めていいのだろうか？

S：「本人が嫌がっているのに多数決で決めるのはいじめではないか？」
　「多数決で決めてはだめだ。個人の自由・人権に関わる問題だから」
T：「なるほど。それでは，内閣の政策を批判した人を刑務所に入れるという法律を，国民によって選ばれた国会議員が，国会で多数決で決めていいの？」

「なんか，戦前みたい，治安維持法と同じ」
　　「憲法に表現の自由って書いてあった。表現の自由違反だよ」
　T：「日本国憲法21条に，表現の自由はこれを保障すると書いてあるね。国家権力は国民の表現の自由を奪うことはできないというのが立憲主義の考え方だったね」

(3) 国会で多数決で決めた法律は……

> **グループ　討議**　民法733条に，離婚した女性は6か月間再婚できないという規定がある。この民法は国会の多数決で決まったものだ。男女平等を規定した憲法14条，24条に違反するとAさんは考えている。周囲は，「多数決で国会が決めた法律なんだから。それが民主主義というものだ。少数者の身勝手だ」と言う。君はどう考える？

　S：「憲法違反だと思うけど……」
　　「国会の多数決で決まった法律が国民の自由・権利を奪った場合はどうすればいいのかな？」
　　「違憲立法審査権って中学で習ったよね」
　T：「上の事例では2015年12月に最高裁判所が憲法違反だと判断した。2016年に民法が改正され，再婚禁止規定が100日に短縮されたんだ。人権は国会の多数決によっても奪うことはできない。民主主義による多数決による横暴・多数決による民主主義に歯止めをかけること。これも立憲主義だ」

2　使える知識としての内面化：課題づくりのヒント

　クラスで物事を決める場合，個々人の自由・権利を侵害していることはないか。クラスと国会の多数決をつなげ，政治への関心を高めたい。（福田　秀志）

【参考文献】
・法学館憲法研究所編『伊藤真が問う日本国憲法の真意』日本評論社，2015

| 方法論 | 活用力 |

日本国憲法改正を多面的・多角的に考える

憲法は国の在り方を決めたルールであり，憲法を変えれば，社会は大きく変わる。変えない選択をしても影響がある。憲法改正問題を，改正手続き，立憲主義，義務規定を軸に討議を通して考える。

1 学びの過程：授業展開プラン

(1) 憲法改正の発議は，なぜ2/3なのだろうか？

グループ 討論 法律は原則として出席議員の過半数で決まるが，なぜ「憲法改正」の発議は，2/3の賛成が必要なのだろうか？

S:「先生，これは立憲主義と関係がありますね」
T:「立憲主義という語句を使用して説明してもらえますか」
S:「憲法で権力の横暴を抑えるというのが立憲主義。だから憲法は簡単に改正できないようになっている。しかし，憲法改正を過半数に下げれば，これは一般の法律と同じ扱いになり，憲法を憲法でなくすことを意味する」

(2) 憲法96条改正について，どう考える？

グループ 討議 安倍首相は2013年に，96条の改正（2/3を過半数）を訴えました。君は96条改正について，どう考える？

S:「最後は国民投票で決めるんだから，国会の発議は2/3でも過半数でもどちらでもいいんじゃないかな」
「戦後だけでも米国，フランスなどは何回も改正している。憲法を

変えたいと思っている人たちも，『無理だろうな』と思い具体的なアクションをとらなかった。日本は手続きが厳しすぎるからだ」

「憲法で権力の横暴を抑えるというのが立憲主義だ。しかし，国会の発議を『過半数』に下げれば，これは一般の法律と同じ扱いになり，『憲法が憲法でなくなる』のではないか」

（3）日本国憲法と自民党憲法改正草案（2012年）を比較してみよう

グループ 討議 下の文を読んで，①「変わったところ」②「それに対して，どう思うか」③「変わったことで，私たちの生活にどんな影響があるのか」について話し合おう。

【日本国憲法】
97条「この憲法が日本国民に保障する基本的人権は，人類の多年にわたる自由獲得の努力の成果であつて，これらの権利は，過去幾多の試錬に堪へ，現在及び将来の国民に対し，……」
99条「天皇又は摂政及び国務大臣，国会議員，裁判官その他の公務員は，この憲法を尊重し擁護する義務を負ふ。」

【日本国憲法改正草案】
97条 「削除」
102条「憲法尊重擁護義務　全て国民は，この憲法を尊重しなければならない。」「2　国会議員，国務大臣，裁判官その他の公務員は，この憲法を擁護する義務を負う。」

他にも「前文」，「13条」，「21条」も比較した（略）。

〈グループの話し合い〉

S：「国民に憲法を守る義務が追加されている」
　「『尊重し擁護する義務』が『尊重義務』に変わっている」
　「『個人の尊重』が『人の尊重』に変わっている」
　「『公共の福祉に反しない限り』が『公益及び公の秩序に反しない限

り』に変わっている」「立憲主義の否定では？ 憲法が憲法でなくなる」
「国民も国家権力と同じように，憲法を守ることはあたりまえでは」
「日本の文化や伝統が追加されて，よくなりそう」
「自由や権利がなくなりそう」
「今の憲法は自由・権利ばかりだから，ちょうどよくなりそう」
「自由に制限を加えることで，社会の秩序が保たれそう」
「自由の範囲が狭まりそう」

(4) 憲法に義務を入れることについて，どう考える？

グループ 討議 自民党憲法改正草案には10の義務が入っています。義務を入れることについて，以下の資料を読み考えてみよう。（一部略）
国防義務（前文），日の丸・君が代尊重義務（3条），領土等の保全（9条3，国民の責務（第12条），家族助け合い義務（24条1），環境保全の責務（25条2），緊急事態の指示に従う義務（99条3），憲法擁護義務（102条））

〈グループの話し合い〉

S：「日本人が，自分の国の憲法を尊重するのは，当然なのではないか」
「日の丸等はオリンピックや国際試合ではあたりまえ。日本のシンボルの日の丸等が，憲法に書かれていて，何がいけないのだろうか」
「義務に従わなくても罰則規定はないが，憲法に○○しなさいと書かれていたら，守っていない国民に無言の圧力になる可能性がある」「道徳を憲法に書くことは憲法ではなくなる」

〈グループの発表〉

日本国憲法について：
　「憲法は国家権力を縛るもので，国民の自由と人権を守るためのもの。国

民に義務を課すのは憲法ではない」
「いまの憲法にも，勤労，教育を受けさせる，納税の3つの義務がある。国は国民のために，行政サービスを提供する。そのために，国はお金が必要だ。だから国民は，納税をし，そのために働かなければならない。働くには子どもに教育を受けさせなければならない。これらは，国家運営のために国民が最低限しなければならないことで，強制労働を強いるものではなく，義務教育は無償にし，働けない人には，生活保護もある。稼いだ人が納税すればいいということだ」

自民党憲法改正草案について：
「憲法に義務を入れることが憲法でなくなるのか。憲法が，国民の自由や人権を守るために，国家権力を縛るというのは，教科書に書いてある。だから三権分立になっている。改正案を見ても，変更は加えられていない。ただ，国民に協力してくださいね，公益は大切にしてくださいね，憲法を尊重してくださいね等，当たり前のことが書かれているだけだ。現憲法では，憲法尊重擁護義務は国民にはない，憲法は国を縛るものだからだ。確かに99条をみると，国民は，憲法尊重擁護義務の対象にはなっていない。しかし，改正案は，国民に憲法尊重義務を課すだけで，尊重しないと罰則だとかは書いていない」

2 使える知識としての内面化：課題づくりのヒント

「憲法改正に反対か，反対か」と問わずに，「どういう日本社会で暮らしたいかを考えながら，憲法の今後のあり方について，考えよう」と問うことも可能である。 　　　　　　　　　　　　　　　　　　　　（福田　秀志）

【参考文献】
・『正論SP　高校生にも読んでほしい　そうだったのか！日本国憲法100の論点』産経新聞社，2016
・樋口陽一，小林節『憲法改正の真実』集英社新書，2016
・木山泰嗣『小説で読む憲法改正』法学書院，2014

CHAPTER 5 　興味・関心

世論調査は，世論操作かも?!
～メディアリテラシーと政治的リテラシー～

2015年6月，公職選挙法等の一部を改正する法律が成立し，選挙権年齢が18歳以上に引き下げられた。主権者教育が求められるなか，中学生にとってどのような学びが求められるのだろうか。

1 学びの過程：授業展開プラン

(1) 私の一票は，どこへ投票すればいいの？

 あなたは将来18歳になったら，投票に行きたいですか？

　公民の授業では，導入時によく使われる発問である。

　私が授業をした中3のあるクラスでは約75％の生徒が「行きたい」と答え，残りの25％の生徒は「行かない」と答えた。「行かない」と答えた生徒は，政治に関心がないのだろうか，と思いながら理由を尋ねてみると，「政治のことがよくわからないのに，自分の一票を投じるのが怖い」という答えが返ってきた。

　まわりの生徒もこの生徒の意見に共感する様子が見られ，実のところ，この答えこそ中学生の本音だろうし，いかにこの声に応えられるかが，公民の授業で問われているのである。

(2) 世論調査は，「世論操作」かも?!

　そもそも，私たちは投票する際にどんなことを判断材料にしているのだろうか。もちろん，演説に耳を傾けたり，選挙公約を注意深く読むこともするだろう。しかし，多くの人々は新聞やテレビ，インターネットなどのメディアからの情報をもとに判断しているのではないだろうか。

各新聞社は定期的に世論調査を行って、読者に調査結果を公表している。授業でも、模擬世論調査をやってみよう。

| 模擬世論調査 | 消費税増税に、あなたは賛成か？　反対か？

　もし、この質問項目に対する選択肢が、2択の場合（賛成・反対）と、5択の場合（賛成・どちらかといえば賛成・どちらかといえば反対・反対・わからない）だと、結果はどうなるだろうか。

　また、選択肢の数だけでなく、質問の言い回しや順番が変わることでも、場合によっては「誘導（操作）する」ことが可能になることもある。

　例えば、質問項目の前に「日本は現在1,000兆円を超える借金を抱えています」という枕詞を入れてから、「消費税増税に、あなたは賛成か？　反対か？」と質問してみると、反対票は一気に、やむなしの賛成票に流れてしまうのである。さらに、この質問の前に「将来のことが不安だと感じますか？」といった質問を入れておけば、なおさらである（笑）。

2 使える知識としての内面化：課題づくりのヒント

　授業では実際の新聞記事などを使うことがあるだろうが、記事の「見出し」にも注目して、各新聞を読み比べさせたい。

　選挙前などは、世論調査を各新聞社が同時期に実施することが多い。同じような質問項目なのに各新聞社の統計数字は異なり、さらに、記者が調査結果をどのように「読み解くか」によって、「見出し」も微妙に異なるのである。

　　　　　　　　　　　　　　　　　　　　　　　　　（吉田　寛）

【参考文献】
・岩本　裕『世論調査とは何だろうか』岩波新書，2015

CHAPTER 6 方法論 / 活用力
もしも，ブラックバイトで働いたら～労働権を学ぶ～

　日本国憲法を「他人ごと」ではなく「自分ごと」として学ばせたい。そのためには，「人権が侵害された状態」を想像してみることが大切だ。人権を侵害する主体は，国家に限らない。時に，企業や会社の横暴が私たちの願う「人間らしい暮らしや労働」をはばむ。そのとき，声を上げ，立ち上がれば，憲法は私たちの武器になってくれるのだ。

1　学びの過程：授業展開プラン

（1）コンビニでこんな働き方をさせられたら？

　あなたならどうする？ もし，高校生のあなたが次のようなコンビニでアルバイトをすることになったら，あなたはどうしますか？　あなたは，土日の週末に朝9時から夜17時まで働いています。

① 「ウチは，15分単位で給料計算している。仕事は朝9時からだけど，前のシフトの人との引き継ぎなどがあるから，8時46分にスキャン（出勤記録）をつけてくれ」。実際，スキャンする時間には，制服に着替えて働ける状態でないといけないので，毎回8時40分に出勤している。

② 自分のシフト終わりに，レジの清算をする。そのとき，売り上げ記録と精算金額が合わない場合，100円～200円自腹で負担・補填することがあった。

③ お店では2人ペアでシフトに入るが，休憩は1人ずつ1時間とる。ただ，バックヤード（休憩場所）で絶えずモニターを見て，レジ対応などで1人で対応困難な場合，ヘルプとして業務につく。

ア	すぐ辞める
イ	問題があると思い，声を上げる
ウ	問題はあると思うが，何とか耐える
エ	問題はないと思う
オ	わからない

　意見は，大きく「問題あり」と「問題なし」に分かれる。アルバイト経験者がクラスにいると，「僕のところは……」「私の場合は……」と様々な事例が次から次へと出てくる。「これくらいは当たり前なんじゃないのか」「働かせてもらっている立場だから我慢だよ」「そんなことはない，これは明らかにおかしい」「泣き寝入りはイヤだ」などの声が交差する。

（2）　法律的にはどうなんだろう？

> T：「では，法律的にはどうなんだろうか。働く問題については，労働基準法（労基法）という法律がある。それに照らしてみよう。結論から言うと，①から③まですべて違法だ」

次の解説を加える。

 ①は，労基法37条に該当する。また，通達にも触れる。賃金計算

は，1分単位でおこなわれなければならない。だから，これは20分の無償労働にあたる。平たく言えば，20分間タダ働きをさせられている。
＊労基法37条　時間外，休日及び深夜の割増賃金
＊行政通達　昭和63年3月14日基発150号（基発：労働基準局長名で出される通達）

　②も労基法違反。故意ではない場合，弁償する必要はない。でも，結構，コンビニなどでアルバイトをしている生徒たちの中には，「自腹を切らされている」人もいる。
＊労基法16条　賠償予定の禁止
＊労基法24条　賃金支払いの5原則

　③も当然，労基法違反。休憩時間はきちんと労働者を休ませなくてはならない。6時間動労なら45分。8時間労働なら1時間と，ちゃんと決まっている。
＊労基法34条　休憩

(3)　声を上げて，立ち上がったときに武器になる憲法

T：「違法だと知って，その後，声を上げるか，改善を求めるのか，我慢するのか。それは，その人の気持ちや置かれている状況にもよるだろう。どういうところに相談，報告したらいいかな？」
S：「親」「教師」（笑）
T：「大事なことだ！　相談にのるよ」
S：「地域の相談所」
T：「労働基準監督署，地域に存在したり，個人で加盟できる労働組合（ユニオン），労働問題専門の弁護士などもある。高校生だって，労働組合に加盟し，団体交渉をし，①から③の状況を改善した事例もある（p.135 参考文献（1）参照）」

👀 **条文を探そう** そういう行動を後押ししてくれる条文が日本国憲法にある。探してみよう。

「27条　すべて国民は，勤労の権利を有し，義務を負う。賃金，就業時間，休息その他の勤労条件に関する基準は，法律でこれを定める」
「28条　勤労者の団結する権利及び団体交渉する権利その他団体行動する権利は，これを保障する」
　この2つの条文に気づく。

> T：「団結する権利とは，労働組合をつくる権利。団体交渉する権利とは，その労働組合で経営者側・使用者側と団体交渉する権利。最後の団体行動とは，交渉が決裂したときなど，ストライキをうつ権利がある，ということだ。一見，力がないように見える労働者も，憲法や労働法を武器にしたり，それらを味方につければ，結構強い力をもっているものなんだ」

2 使える知識としての内面化：課題づくりのヒント

　前ページ（3）に関連して，「高校生団交　無賃アルバイト」（東京新聞, 2016年1月20日付）などが詳しい。この問題については，「ブラックバイト　サークルKサンクス」などでネット検索されたい。本実践は本学園の生徒の事例による。高校生の場合は，アルバイトを経験しているケースもあるので，経験している事例が教材になる。

（菅間　正道）

【参考文献】
・笹山尚人『労働法はぼくらの味方！』岩波ジュニア新書，2009

CHAPTER 7 活用力

クーポンを使うのはケチなことなのか
~消費者・企業側からみよう~

クーポンを持っていれば10％オフ。同じサービスを受けているのに料金が違うことをどう説明したらいいだろうか。他の料金（運賃の子ども料金，夏休み中の旅行代金）の例も出しながら，説明できるようにする。

1 学びの過程：授業展開プラン

（1） クーポンアプリを使う人はケチなのか？

T：（クーポンアプリを見せたり，数々のクーポン券を一人一人に配ったりする）
「これを使ったことがある人？」
S：「クーポン券は小さいし，切り取るのも面倒なので使わない」
「家の人は，このクーポン券が使えるファミレスによく行く」
T：「クーポンを使うことはケチなことなのだろうか。賢い消費者になるために，どんなしくみになっているかを説明できるようにしよう」

（2） 子ども料金が大人料金より安いものには，どんなものがあるのか？

Qクイズ 調べてみよう。子ども料金が大人料金より安いものにはどんなものがある？

回答例 ・鉄道運賃 ・USJ一日券 ・銭湯 ・映画料金 など。
でも，LCC航空料金は同額。

グループ討議 なぜ，鉄道運賃は子どもは半額なのだろうか？

S:「子どもは体が小さいので，一人一席いらないからではないか」
「でも，大柄な小学生だっている」
「子ども料金を割り引くと，その親が子どもを連れて買い物や遊びに出かけやすくなり，結果として鉄道を多く利用することをねらっているのではないか」「だとしても，半額であるという説明にはならないよ」

T:「日本初の鉄道である新橋―横浜間が1872年に開通したとき，12歳未満の子どもは半額でした。これは鉄道を導入する際，イギリスをモデルにしたなごりという説があり，半額の根拠は不明です。問題の本質は，半額であるかどうかよりもむしろ，同じサービスを受けているのに運賃や料金がそれを利用する人によって違うという点にあります」

(3) 同じサービスなのになぜ料金・価格がちがうの？

★★ 考えよう　料金・価格の違いはなぜおこるのか？
① タクシー料金は，深夜・早朝では2割増しになる。
② パック旅行の料金はGWや夏休みや正月前後では高くなる。

S:「①は深夜になると，鉄道やバスの便が減ってしまって，多少高くなってもタクシーを利用するしかないからかな？」
「②は，そこしか休みがとれないので，高くても仕方がないからかな？」

T:「そう，タクシーでも，旅行でも，高くても乗る人や行く人がいるからです。企業からすると〈消費者がどのくらい価格に敏感か〉を判断して，価格を設定しているのです。消費者が価格にどれほど敏感かは，値上げや値下げに対してどれほど需要量（購入量，消費量）が変わるのか，その反応の大きさで計ることができるのです。では，その反応の大きさを計るワークショップをやってみましょう」

（4） 注文用紙に記入しよう（ワークショップ）

😊個人でやってみよう・パート1 ✏

　今度の校外学習では，500円で昼食とおやつを買うことになっています。ただし，購入できるのは給食センター一括で，次の5種類です。500円は使い切るとして，注文用紙にそれぞれの商品をいくつ買うかを記入していってください。買わない品目があってもいいです。

表1（注文用紙）	自分の需要量 パート1	自分の需要量 パート2
おにぎり（1個50円）→		
ポテトチップス（1袋150円）		
チョコレート（1箱100円）		
クッキー（1袋50円）		
缶入り緑茶（1本100円）		

😊個人でやってみよう・パート2 ✏

　せっかく注文してもらったのに，いつもの仕入れ先のおにぎり工場が電気系統のトラブルで操業がストップ。急きょ，別な工場からの仕入れないといけなくなりました。そのためおにぎりは100円のものを買ってもらうしかありません。他の商品の価格は同じです。もう一度，注文票を書いてください。50円のところに×をして100円と書いてください。

😊グループでまとめてみよう ✏

　表1を持ち寄って，グループで表2を完成させよう。おにぎりの量はどう変化しただろうか？　また，他の量はどうなっただろうか？

表2（注文用紙）	グループの需要量 パート1	グループの需要量 パート2
おにぎり（1個50円）→100円		
ポテトチップス（1袋150円）		
チョコレート（1箱100円）		
クッキー（1袋50円）		
缶入り緑茶（1本100円）		

S:「おにぎりの数は，おかしだけでは物足りないから減らさない」
T:「一般に，おにぎりのような生活（昼食）に欠かせないものは，価格が上がっても量はあまり変化しません。これを，タクシーに当てはめてみると，家に帰るにはタクシー以外には選択肢が少なくなるわけだから，欠かせないものになります。だから多少，料金が上がっても，消費者としては乗るということになります。企業側からすると，その時間帯に高い価格を設定しても需要があまり減らないので，高い料金を設定しているのです。さて，今日の学習課題についてですが，クーポンを使う消費者は，『価格に敏感な人』と企業側が判断して，安く買えるようにしています。逆に使わない人は，価格をそんなに気にとめていない人と判断し，割引のない価格で売り，利益を上げようとしているのです。クーポンを使うことはケチではありません。でも，企業がお客さんを自社に閉じ込めるという戦略をとっている可能性もあるので，消費者としては冷静な店選びが必要ですね」

2　使える知識としての内面化：課題づくりのヒント

　価格に敏感かそうでないかで差をつけることを，価格差別という。
○なぜ航空運賃は出発が近づくほど高くなるのか。
○同じ製品でも売るタイミングで値段が違うのはなぜ？　など。(奥田修一郎)

CHAPTER 8

活用力

私たちはどうあるべきだろうか
～自立した消費者とは何だろう？～

消費者が不利益を被った事件・出来事が毎日のように報道されている。その原因を探る活動を通して，消費者としての自覚をうながす。

1 学びの過程：授業展開プラン

（1） 消費者は守られているのだろうか？

Q. クイズ こんなケースではどうなるのだろうか？

　裁判事例または消費者センターに寄せられた身近な困った例を提示する。ここでは「3万円の被害にあったので裁判を起こそうとしたが，裁判費用が15万円かかると言われてしまった」などの解決が困難なケースをいくつか取り上げ，消費者が不利益を被ってしまう場合が存在することを意識させる。

（2） 原因を探ろう

グループ活動 守られるはずの消費者が不利益を被ったのは，何が原因だろう？　誰に問題があったのかな？

　問題点を付箋に書き出し，それをテーマごと分けることで問題点を整理していく。この活動を小集団でおこなうことで，意見交換がおこなわれ様々な視点の考えと出会うことができる。

> S：「契約内容をしっかり確認しなかった消費者が悪い」
> 　　「そもそもだます売り手が悪い」
> 　　「完璧に消費者を守れない法律は改正すべき。法律に穴が多すぎる」
> 　　「消費者保護が不完全，あらゆる状況を想定した制度を作るべき！」

「一番の問題点はどこにあるだろう？」と投げかけ，「私的自治の原則」や「契約自由の原則」などの私法の基礎を学習し，生徒が社会的弱者だと考えていた消費者にも責任の一端があることに気づくことができる。

（3） 現代社会に生きる私たちは何をすべきだろうか？

書く 私たちはどうすればいいだろう？ ワークシートに書いてみよう。

回答例

「契約の大事さをもっと自覚する」
「誰かがどうにかしてくれるという考えではいけない」
「国や制度に頼りっきりではなく自分たちでどうにかしようとしないといけない」

　この活動で，誰かが助けてくれるとか困ったら法律がどうにかしてくれるという消極的な姿勢から，契約の際から真剣に考え，自分のことは自分でという態度が身についてくると考える。消費者である生徒たちが，消費者としてあるべき姿を理解することで，多様に変化する社会に関心をもち，適切な契約を結ぶことが大切であると気づくことができる。

2　使える知識としての内面化：課題づくりのヒント

〈ヒント1〉外部人材を積極的に活用する

　弁護士を講師として招き，法に対する疑問をぶつけたり，小集団での話し合いの際にアドバイスをもらったりすることで，法についての理解が深まり，同時に社会への関心を高めることができる。

〈ヒント2〉授業と生活を関連させる

　生徒自身が普段の生活の中で結んでいる契約を出し合い，それを軸に授業を進めることで，生活の中の一部として学習内容をとらえさせることができる。

（早馬　忠広）

CHAPTER 9　方法論　活用力
君ならどうする？ライバル企業に勝つ方法を考えよう！

　企業と経済の関わりを経営者の視点から考えさせる。前提としてこの授業中は，自分はパン屋の経営者であることを生徒に確認しておく。

1　学びの過程：授業展開プラン

（1）ライバルに勝つ方法を考える

> **発問**　あなたの店の周りにはパン屋がたくさんあります。ライバル店に勝つために，あなたは次のA～Dのどの方法を選ぶ？
> 　A：店のPR（宣伝）の方法を工夫する
> 　B：商品の価格を下げる
> 　C：商品の種類を増やし，品質を向上させる
> 　D：その他

まずは直感で1つ選ばせる。

（2）A～Dの実例の紹介
実例A：京阪電車〈店のPR（宣伝）の方法を工夫する〉

T：「京阪電車は，誰もが知っているキャッチコピーがあります。それは，"京阪のる人……"」
S：「おけいはん！」
T：「"おけいはん"はイメージキャラクターでもあり，駅や車内広告によく登場します。広告にあるしかけは何でしょうか」
S：「通勤の男性の目を引くために，おけいはんが前に出ている」（笑）
　「京阪電車を使って行ける場所（寺院など）で撮影されている」

T:「通勤客のハートをがっちりつかんだおけいはんは，Facebookでも京阪沿線情報を発信しています」

クイズ 2013年のバレンタインで，プレゼントに向かないチョコ菓子ブラックサンダー（1個30円）が爆発的に売れた。そのきっかけとなったキャッチコピーを考えよう。
　ヒント①：バレンタイン用のキャッチコピー
　ヒント②：OLを中心によく売れた

T:「正解は……，"一目で義理と分かるチョコ"でした！」

実例B：高速バス〈商品の価格を下げる〉

T:「高速バスは，同じ路線でも企業によって運賃が異なります。東京―大阪間で比較すると，最も高い運賃は13000円です。では，最も安いものはいくらでしょうか」
S:「7000円」「それは高いよ。せめて5000円」
　「いや，3500円くらいかな」
T:「正解は，1900円です」

　次に，2015年12月にガソリンを安く売りすぎたとして公正取引委員会に警告を受けた企業があることを説明する。

「安売り」はなぜダメなのだろうか？

S:「1900円のバスは，何か怖い気がする」「安全面の心配をしてしまう」
　「安売りは，買い手の立場では良いことだと思う」
　「でも，ガソリンを安く販売できない店が困ってしまうのでは」
T:「2016年1月に起きた軽井沢スキーバス転落事故では，事故を起こしたバス会社は法律で決められた最低賃金を下回る料金で業務を請け負っていた。そのしわ寄せが運転手にいったのかもしれないね」

実例C：携帯電話市場〈商品の種類を増やし，品質を向上させる〉

> **Qクイズ** NTTドコモ・KDDI（au）・ソフトバンクの3社で携帯電話市場の何％のシェアを占めているだろうか？　下の3つの中から選ぼう。
> 　　　　　　　　78%　　88%　　98%

T：「正解は，98％です。携帯電話市場は三つどもえの争いになっています」

> **グループ討議**　もはや携帯電話は，通話やメールができるだけでは消費者に選んでもらえなくなっています。主要3社の競争の中からどのようなサービスが生まれただろうか？　各班で5つ以上答えてください。

S：「会社を乗り換えたときのキャッシュバック！」
　「学割や家族割」
　「通信速度が速くなってきている。先生の携帯は3Gだから，時代遅れです」（笑）
　「スマホやiPhoneが開発された」「お財布ケータイ機能がついた」

　競争をやめて，3社が協定を組めばどうなるか？

S：「そうか！　その手があったか」（笑）
　「基本使用料を高く設定すれば企業がもうかる」
　「でも，利用者の負担が重くなるのでは」
T：「価格を一定水準以上に保てば，どの会社も安定した利益を上げることができます。しかし，実はこれはやってはいけないことです」

> **グループ討議**　なぜカルテルは禁止されているのだろうか？
> 　（①　　　　）となってしまい，（②　　　　）に違反してしまう。
> ⇒（①）（②）に適する語句を教科書から抜き出して答えよう。

A 答え　①　カルテル，②　公正取引委員会

「その業界に新しい企業が参入できなくなるため」「価格が高くなって，消費者が損をするため」など。

> T：「カルテルの最も大きな問題は，企業間の競争がなくなり，消費者にとってよりよい商品やサービスが生まれなくなってしまうことです」

事例D：その他

「接客」に力を入れているMKタクシーを紹介する。MKタクシーはお客様の快適な空間づくりを心がけている。HPには「MKエピソード集」がアップされているので，一つ紹介してみてもよい。

（3）ライバルに勝つ方法を再び選び，その理由をまとめさせる

4つの事例を学んだことで生徒の当初の認識は揺さぶられており，再度考え直す作業が必要である。生徒の意見に，「最初は商品の値下げが大事だと思ったけど，知名度が低ければ意味がないので，インターネットを活用したPR活動に力を入れたい」といったものがあった。

2　使える知識としての内面化：課題づくりのヒント

海外のチェーン店が進出してきたと仮定して，規模や価格で劣る中で競争にどう勝っていくかを考えさせる。実例として，トマトケチャップで有名なカゴメは野菜ジュース「野菜生活」を開発し，海外メーカーに対抗している。

（前田　一恭）

| 方法論 | 活用力 |

消費税増税は本当に必要だったのか？

　消費税増税は2度の延期により，2019年10月からの実施となった（2016年6月現在）。改めて，本当に増税の必要があったのか。また，増税は消費税以外の税ではダメなのか。この2点を歳出・歳入の状況や国税の種類を確認しながらグループで議論させ，クラスに提言させる。

1　学びの過程：授業展開プラン

（1）歳入・歳出の状況を確認する

「消費税の10％への増税に賛成か，反対か？」

おおよそクラスの3分の1が賛成，3分の2が反対であった。

「今日は消費税の増税は本当に必要であったのか考えていきます」

平成28年度一般会計予算の歳出・歳入のグラフ（財務省HPに掲載されている。今回は割愛）を提示し，主要項目を説明していく。

 歳出の中で，支出を削減できると思う項目はどれか？

S：「高齢化が進む中，社会保障費の削減は絶対にできない」
　「国は地方分権を進めていると以前に学習したので，地方交付税は削減できる」
　「日本は戦争をしない国だから，防衛費はもっと削減すべき」
T：「国債費に関しては，現在国と地方が抱える借金は1秒あたり約82万円，年間約26兆円のペースで増加しています。日本は破綻するのでしょうか」

 歳入の中で，税収を増やせると思う項目はどれか？

158

> S:「所得税を増やされると，お父さんの給料が減って僕のお小遣いも少なくなる」（笑）
> 「お店を経営しているお母さんが，『もう日本人やめたいわ！』って嘆いていたから，法人税は高いんだと思う」
> 「お酒やたばこは体にもよくないし，税率をもっと上げるべきだ！」

（2）消費税増税の是非を議論し，意見をまとめる（グループ活動）

　特に反対派は，増税で見込まれる税収を消費税以外のどの税で確保するか，あるいは歳出のどの項目を削減して確保するかを明確にする。グループの意見は提言シートにまとめた上でクラスに提言する。反対派の代表的な意見は，「子どもにまで負担がかかる消費税でなく，喫煙者を減らすためにもたばこ税を上げるべき」という内容であった。また，賛成に転じるグループが多かった。意見としては，「法人税を上げると企業が海外に流出する」「酒税やたばこ税を上げてもすぐに景気は良くならない」「増えた税収は国債費にもあてるべき。このままでは，日本は第一次世界大戦後のドイツのようになってしまう」など。今回の取り組みでは，提言シートを地元の納税協会の方にも見ていただき，貴重なご意見をいただいた。

2　使える知識としての内面化：課題づくりのヒント

〈ヒント1〉「100円ビール」があった!?

　酒税は，稚内とサハリン（ロシア）を結ぶフェリー（現在は廃止）内で販売されていた缶ビールから考えさせる。本来ビール1缶（350ml）の価格は215円ほどであるが，この航路では酒税（77円）・消費税（5円）などが免除され，100円で販売されていた。

〈ヒント2〉「1兆円」から考える日本の負債

　毎日100万円を使い続けたとして，1兆円を使い切るには約2700年かかる。平成28年度末の公債残高は約838兆円。この額がいかに膨大なものかを考えさせたい。

（前田　一恭）

CHAPTER 11 方法論

イギリスのEU離脱に賛成か，反対か？

2016年6月23日のイギリス国民投票でEU離脱が決定した。残留派と離脱派の主張に向き合うことで，イギリスのEU離脱を考える。

1 学びの過程：授業展開プラン

（1）クイズから考えるイギリスのEU離脱

> **Q クイズ**
> ① イギリスがEUに支払う分担金はいくらだと思う？（2015年度）
>   ア　約5000万円　　イ　約1兆円　　ウ　約1兆9000億円
> ② イギリスへの移民はEU内外合せて何万人か？（2015年度）
>   ア　約38万人　　イ　約58万人　　ウ　約78万人
> ③ EUの規制を網羅した書類を重ねると何メートルになるか？
>   ア　10m　　イ　30m　　ウ　50m
> ④ EUを離脱すると2019年のGDPは約何％減少するか？（IMF試算）
>   ア　5.6％　　イ　7.6％　　ウ　9.6％

T：「2015年度は，日本円で約1兆9000億円になっています。英国が，EUを離脱すれば，このお金を自国（英国）のためだけに使えます」
「約38万人もの移民がいます。EU加盟国と加盟国以外の人数はほぼ半分ずつです。移民が増えるとどうなりますか？」

S：「トラブルがおこる」「仕事をとられる」「税金を使われる」「働く場所がとられる」

T：「規制の文書を重ねると約50mになるようです」

S:「割れやすい薄い素材の風船を膨らます際は大人が監督すべし」
「掃除機の消費電力の上限が決められている」ことなどを紹介する(「朝日新聞」2016年6月2日)。

T:「でも離脱すると3年後にはGDPは5.6％減少すると試算されています。どうしてですか？」
S:「関税が復活するから」「EU内の自由な貿易ができなくなるから」
「離脱したら他国の企業が出ていくから」

（EU離脱派）	（EU残留派）
EUへの拠出金を国民健康保険など国民のために活用	拠出金以上のメリット
移民にとられた雇用を回復	5億人規模の市場アクセス
英国の威信を回復	300万人の雇用確保
	海外からの直接投資

（2）新聞を使って深める

以下の新聞を読む（題字と要旨のみ）。

第4章 主体的・対話的で深い学びを実現する！アクティブな公民授業モデル 161

① 2016年6月16日，残留派のジョー・コックス下院議員が男に襲われ死亡
「英EU残留派議員，撃たれ死亡」(2016年6月17日朝日新聞)
② （イギリスの銃規制）(2016年6月18日読売新聞)
スコットランドの小学校で17人が射殺された事件→1997年短銃所持を原則として禁止する法律
③ （経済への影響）(2016年6月17日日本経済新聞)
銃撃まで……離脱派優→円高・ポンド安（1ポンド＝145円40銭）
銃撃以後……円安・ポンド高（1ポンド＝148円）3円40銭値を戻す
④ （日本への影響）(2016年6月17日神戸新聞)
イギリスのEU離脱が決まった場合……円相場が急騰，円高ドル安が止まらなければ，輸出企業業績悪化→トヨタ自動車円高が1円進むと，営業利益400億円減少
⑤ （スコットランド独立問題の再燃）(2016年6月16日読売新聞)
スコットランドは，「スコッチの聖地」EU残留で恩恵→ウイスキー，羊毛製品，スモークサーモン，牛肉など英国外へ輸出
⑥ （移民・難民問題）(2016年6月19日読売新聞)
離脱派不公平感訴え→加盟国が経済力に応じて負担する仕組み
　・ポーランドなど東欧各国は負担金より受け取る補助金が多い
　・英国，ドイツなどは，負担金のほうが多い→不公平感（離脱派）
「移民，恩恵だけ受ける」(2016年6月17日毎日新聞)
難民支援の志「受け継ぐ」「民主主義が標的」非難（2016年6月18日読売新聞)
⑦ （EUの規制膨大）(2016年6月18日読売新聞)
飼料用など肉専用の冷蔵室の新設必要
　・EUは，かつてバナナの長さやきゅうりの曲率まで定めていた

（3）新聞の題字を考える

> ★**グループで考えよう** 次は，イギリスEU離脱を報道した新聞の題字です。○○に当てはまる言葉を考えよう（6月25日付け各新聞）。

・「混乱と○○の連鎖防げ」（「毎日」社説）
・「グローバル化と○○に試練」（「日本経済新聞」）
・「世界経済と秩序の混乱拡大を防げ」（「日本経済新聞」）
・「孤立主義　行き着く先は」（「毎日」）
・「反○○感情　根強く　雇用減や不正受給に不信」（「産経」）

A 答え　「分裂」，「成長」，「移民」

　各新聞とも離脱については，批判的にとらえていた。題字から，それぞれの主張を考えさせる。

（4）イギリスのEU離脱の是非を考える

離脱派

　私が，イギリス人の立場だったら，離脱する方がいいと思います。EUは，ノーベル平和賞をとっているし，難民も受け入れている良い団体だと思います。でも，仕事を奪われ，もともとその地域にいた人たちが働けなくなってしまうのはおかしいと思います。「ギリシャ」など借金を抱えてしまっている国に対しイギリスなどお金をもっている国が払ったりするのはおかしいと思いました。借金をつくってしまったのは，その国のせいなのだから，自分たちの国で対処するべきだと思いました。

残留派

　離脱をする理由はわかるけど，離脱をした後に他の国もEUから出て，平和の状態が崩れ，戦争でも始まってしまったらいけない。離脱をしなくても，EUのルールを改善する，金の動きを考え直す，EUの会議で改善策を考える，などのことができたんじゃないか，と思います。最初に東ヨーロッパや難民をEUで受け入れすぎたのも良くなかったのかなと思いました。全世界

の人々が新たな戦争につながらないように配慮すべきだと思いました。

2 使える知識の内面化：授業づくりのヒント

　EUの動向は日本にも影響すること，移民・難民問題との関係は，是非押さえておきたい。

（佐藤　敏彦）

おわりに

　私は，東大阪市の中学生と格闘しながら，三十数年間授業をしてきた。だが，一方的な授業をした記憶がなく，「今さら，アクティブ・ラーニングって！　そんなの当たり前では？」と思う。それは，「以前から実践しています」という驕りの感覚ではなく，そうしないと，授業が"成立"しなかったからである。「２分間以上の一方的な話は聞かない」「最低10分に１回は笑わせなければいけない」「10分間勉強したら２分程度の休憩タイムが不可欠」という現状だからである（「休憩タイム」とは「クイズ」や「地名探し」で息抜きをするということであるので誤解のないように）。

　「話し合いはさせないのですか？」と聞かれるが，私は，新任から20年間くらいは，厳密的にはさせたことはない。「解体新書は１年間で何行訳したか」「東京から104に電話するとどこに通じるか」など，いわゆるクイズ的な話し合いはさせたことはあるが，本来の話し合いはさせたことがない。なぜか？「EUの課題は何か？」というテーマは，いつの間にか「今日，テレビ番組は何を見る？」に勝手に変わってしまうからである。（笑）

　本書は，私が主催する「授業のネタ研究会」をはじめとする研究会でお世話になった先生約30名の実践の結晶である。本書を，社会科でつけるべき学力と，すべての子どもたちが意欲的に学ぶユニバーサル・デザインとの関係でお読みいただければ編著者としては嬉しいかぎりである。本書の企画・編集においては，明治図書の及川誠氏から多くの助言と叱咤激励をいただいた。また，校正等では西浦実夏氏・姉川直保子氏に，イラストは山本松澤友里氏にお世話になった。この場を借りてお礼を申し上げたい。

　　2017年７月

編著者　河原　和之

【執筆者一覧】（掲載順）

草場和歌子	大阪府東大阪市立小阪小学校
柳谷ひとみ	三重県津市立成美小学校
大津　圭介	福岡県大野城市立平野中学校
山本紗哉加	奈良県奈良市立都跡中学校
田中　龍彦	佐賀県嬉野市立塩田中学校
長瀬　拓也	同志社小学校
宗實　直樹	関西学院初等部
田沼　亮人	兵庫県明石市立錦城中学校
奥田修一郎	大阪府大阪狭山市立南中学校
乾　　正学	元・兵庫県神戸市立大原中学校
梶谷　真弘	大阪府茨木市立南中学校
山本　悦生	島根県鹿足郡吉賀町立六日市中学校
森口　洋一	奈良県生駒郡平群町立平群中学校
宮﨑　亮太	関西大学中等部・高等部
家原　幸代	大阪府枚方市立菅原小学校
鳥塚　義和	千葉県立柏中央高等学校
早馬　忠広	静岡県掛川市立西中学校
行壽　浩司	福井県越前市武生第六中学校
河原　紀彦	立命館宇治中学校・高等学校
岸本　賢治	兵庫県三木市立星陽中学校
安野　雄一	大阪教育大学附属平野小学校
菅間　正道	自由の森学園中学校・高等学校
福田　秀志	兵庫県立尼崎小田高等学校
吉田　　寛	奈良教育大学附属中学校
前田　一恭	大阪府交野市立第一中学校
佐藤　敏彦	大阪府茨木市立彩都西中学校

【編著者紹介】

河原　和之（かわはら　かずゆき）
1952年　京都府木津町（現木津川市）生まれ。
関西学院大学社会学部卒。東大阪市の中学校に三十数年勤務。
東大阪市教育センター指導主事を経て，東大阪市立縄手中学校退職。
現在，立命館大学，近畿大学他，7校の非常勤講師。
授業のネタ研究会常任理事。経済教育学会理事。
NHK わくわく授業「コンビニから社会をみる」出演。

【著書】
『歴史リテラシーから考える近現代史　面白ネタ＆「ウソッ」「ホント」授業』『「歴史人物42人＋α」穴埋めエピソードワーク』『100万人が受けたい「中学社会」ウソ・ホント？授業』シリーズ（全3冊）『「本音」でつながる学級づくり　集団づくりの鉄則』『スペシャリスト直伝！中学校社会科授業成功の極意』『続・100万人が受けたい「中学社会」ウソ・ホント？授業』シリーズ（全3冊）（以上，明治図書）他多数
qqt36ps9@tea.ocn.ne.jp

【イラストレーター紹介】

山本　松澤友里（やまもと　まつざわゆり）
1982年大阪府生まれ。広島大学教育学部卒。
東大阪市の中学校に5年勤務。
『ダジャレで楽しむタイ語絵本』（TJ ブリッジタイ語教室）企画・編集・イラストを担当。

主体的・対話的で深い学びを実現する！
100万人が受けたい社会科アクティブ授業モデル

2017年9月初版第1刷刊 2019年6月初版第3刷刊	ⓒ編著者	河原　和之
	発行者	藤原　光政

発行所　明治図書出版株式会社
http://www.meijitosho.co.jp
（企画）及川　誠（校正）姉川直保子・西浦実夏
〒114-0023　東京都北区滝野川7-46-1
振替00160-5-151318　電話03(5907)6704
ご注文窓口　電話03(5907)6668

＊検印省略　　組版所　株式会社アイデスク

本書の無断コピーは，著作権・出版権にふれます。ご注意ください。

Printed in Japan　　ISBN978-4-18-258120-5
もれなくクーポンがもらえる！読者アンケートはこちらから →

『社会科教育』PLUS
平成29年版
学習指導要領改訂のポイント

大改訂の学習指導要領を最速で徹底解説！

小学校・中学校 社会

● 提言 澤井陽介
● 1860円＋税
● 図書番号：2716
● B5判・120頁

B5判

平成29年版学習指導要領で社会科はこう変わる！新しい教育課程のポイントをキーワードと事例で詳しく解説。つけたい「資質・能力」から、「見方・考え方」追究の視点と授業デザイン、「主体的・対話的で深い学び」を実現する授業モデルまで。学習指導要領（案）の付録つき。

子ども熱中間違いなし！河原流オモシロ授業の最新ネタ

続・100万人が受けたい「中学社会」ウソ・ホント？授業シリーズ

河原和之 著

中学地理
【図書番号2572　A5判・144頁・1700円＋税】

中学歴史
【図書番号2573　A5判・152頁・1700円＋税】

中学公民
【図書番号2574　A5判・160頁・1700円＋税】

100万人が受けたい！「社会科授業の達人」河原和之先生の最新授業ネタ集。「つまものから考える四国」「平城京の謎を解く」「"パン"から富国強兵を」「わくわく円高・円安ゲーム」「マンガで学ぶ株式会社」など、斬新な切り口で教材化した魅力的な授業モデルを豊富に収録。

明治図書　携帯・スマートフォンからは　明治図書ONLINE へ　書籍の検索、注文ができます。▶▶▶
http://www.meijitosho.co.jp　＊併記4桁の図書番号（英数字）でHP、携帯での検索・注文が簡単に行えます。
〒114-0023　東京都北区滝野川7-46-1　ご注文窓口　TEL 03-5907-6668　FAX 050-3156-2790

＊価格は全て本体価格表示です。